Detlef B. Fischer

Selbstentfaltung
durch Meditation und
mentales Training

33 Impulse aus dem Zen

WINDPFERD

1. Auflage 2015

© 2015 Windpferd Verlagsgesellschaft mbH, Oberstdorf

Alle Rechte vorbehalten

Umschlaggestaltung: Andrea Barth | Guter Punkt – Agentur für Gestaltung,

Covermotiv: © andreasnikolas/shutterstock

Layout: Marx Grafik & ArtWork

Gesetzt aus der Rotis

Druck: PHOENIX PRINT GmbH

Printed in Germany

ISBN 978-3-86410-106-9

www.windpferd.de

Ich habe keine Lehre,

die ich den Menschen geben könnte;

ich heile nur Gebrechen und löse Fesseln.

ZEN-MEISTER RINZAI

Inhalt

So fängt die Psychologie,

die Bekanntschaft mit unserer Seele,

in jeder Beziehung am widerwärtigsten Ende an,

nämlich bei allem,

was wir nicht sehen wollen.

CARL GUSTAV JUNG

Einleitung

Seit jeher hatte ich mich für Mediation interessiert und habe die wenigen Bücher, die es vor rund 40 Jahren zu Buddhismus, Meditaion und Zen gab, regelrecht verschlungen. Tatsächlich gab es Meditations-, Yoga- oder Zen-Zentren damals – wenn überhaupt – nur in den ganz großen Städten. All das kann man sich heutzutage kaum vorstellen, wo die Praxis asiatischer Traditionen ganz natürlich in der Mitte der Gesellschaft angekommen und auch in ländlichen Gegenden lebendig ist.

Eine nicht unwesentliche Rolle spielt dabei die Tatsache, dass die asiatischen Religionen, vor allem der Buddhismus, schon vor Jahrhunderten eine subtile und ausgereifte Psychologie ausgebildet haben. Einfach ausgedrückt war es Buddhas Anliegen, den Menschen aus ihrer als leidvoll erkannten Existenz zu befreien. In meinen Augen war Buddha im Grunde eher ein Arzt als ein Prophet, seine Lehre mehr Medikament als Heiliges Wort, seine gesammelten Lehrreden mehr Lehrbuch des Lebens als Heilige Schrift. Das führt den Buddhismus in die Nähe der westlichen Psychologie, speziell der Psychotherapie, denn auch sie hat Lebensbewältigung und Leidensüberwindung zum Ziel.

Im Laufe meines Lebens, in welchem ich auf spiritueller Suche war, bin ich mehreren großen Meistern begegnet. Sie zeichneten sich durch eine bescheidene Natürlichkeit aus und sie haben tiefe Spuren in der Welt hinterlassen – und auch in meinem Geist. Was nun macht die großen Lehrer aus, die in so wohltuendem Kontrast zum Lärm der Welt wirken? Nun, ich persönlich habe es so erlebt, dass sie ihre Weisheit aus einer lebendigen Verbindung schöpfen und zwar – letztlich ganz schlicht – aus der mit dem Urgrund, der zeitlos ist. Die Nase zu tief in Bücher zu stecken und allein mit Begriffen umzugehen, ist eher hinderlich als nützlich, wenn diese Verbindung wachsen soll.

Mystiker sind keine Philosophen. Ihr Geist arbeitet, ähnlich wie der von Künstlern, mehr schöpferisch und intuitiv als analytisch und schlussfolgernd. Fast all meine Lehrer hatten einen ausgeprägten Sinn für Humor. Thich Nath Hanh vielleicht etwas weniger, aber Deshimaru und Seung Sahn umso mehr. Ihr geistiges Erwachen drückte sich unmittelbar durch Heiterkeit aus. Wie aber kommt man zu tiefster Erkenntnis? Das kann man meiner Ansicht nach nicht befriedigend beantworten. Man kann sie nicht kaufen, man bekommt sie nicht geschenkt und man kann sie auch nicht durch angestrengtes Bemühen zuverlässig erwerben. Allerdings und vielleicht etwas paradox: Manch einer erlangt sie ganz mühelos.

Für jene, die zur tiefsten Einsicht gelangt sind, gilt letztlich nur der Erwachte als ein psychisch vollkommen gesunder Mensch, da er ständig im Lichte der Wahrheit lebt. Seelisch krank ist dementsprechend derjenige, der sich vom Absoluten, Gott, dem All-Einen oder wie man es auch immer nennen will, abgetrennt fühlt. Die Illusion einer gesonderten, individuellen Identität gilt im Buddhismus als die subtilste und umfassendste Ebene der Unwissenheit. Sie ist die Grundlage aller Impulse und Gedanken von ich, mich, mein und andere. Die Ich-Illusion schafft eine Grenzline zwischen mir selbst und der Welt da draußen. Ein diffuses Gefühl der Angst und Entfremdung sind die Folge. Dementsprechend sind psychische und physische Krankheiten als Hinweise auf die menschliche Grundtragik zu werten, die eben darin besteht, dass der Mensch zutiefst glaubt, abgesondert und fern von dem All-Einen zu sein. Nur wer erkennt, dass er im All-Einen und das All-Eine vollkommen in ihm ist, ist frei von Verwirrung und Angst.

Natürlich sind große spirituelle Lehrer keine perfekten Menschen. Auch sie sind aus Fleisch und Blut, haben harmlose Schwächen und Fehler und können über sich selbst lachen. Um ein kompetenter geistiger Lehrer zu sein, genügt es, ein gutes Herz zu haben und dem All-Einen, das allein existiert, demütig und bescheiden zu dienen. Er sollte von dem Wissen durchdrungen sein, nicht der eigentlich Handelnde, sondern ein Werkzeug des All-Einen zu sein. Anders ausgedrückt: Die kosmische Ordnung handelt durch ihn hindurch, indem sie sich seiner Stimme, seines Verstandes und seiner Hände bedient.

Zusammenfassend hat die spirituelle Psychologie also vor allem Selbst-Realisierung und Erleuchtung zum Ziel; nicht zum Ziel hat sie verloren gegangene Alltagstauglichkeit wieder herzustellen.

Die Psychologie ist eine noch recht junge Wissenschaft mit Wurzeln in der Medizin. Eben deshalb stand der kranke Mensch im Focus und es ging ihr so natürlich um Heilung von Krankheiten, Linderung von Beschwerden und Wiederherstellung der Leistungsfähigkeit. Die besonders durch Freud und die Psychoanalyse von der Medizin emanzipierte Psychotherapie wurde zu einem eigenständigen Zweig der Heilkunde; gleichzeitig blieb ihre medizinische Herkunft immer deutlich spürbar. Eine Vielzahl neuer psychotherapeutischer Verfahren wurde im 20 Jahrhundert entwickelt; spirituelle Aspekte drangen erst sehr spät in die Psychologie ein. Der wichtigste Impuls kam durch die sogenannte Transpersonale Psychotherapie, deren Vertreter entdeckt hatten, dass der Aspekt der Selbstentfaltung, vor allem verhinderter Selbstentfaltung, bei psychischen Störungen eine wichtige Rolle spielt. So schreibt einer der profiliertesten Vertreter dieser Richtung, der amerikanische Psychologe Abraham Maslow: „Der Mensch zeigt in seiner eigenen Natur einen Drang nach vollerem und vollerem Sein, nach immer vollkommenerer Verwirklichung seines Menschseins in genau derselben natürlichen Weise, wie eine Eichel sozusagen zu einer Eiche drängt."

Eine Psychologie, die über den Abbau von Defiziten, die die Alltagstauglichkeit behindern, hinausgeht und sich darüber hinaus auch mit grundlegenden Existenzfragen beschäftigt, gerät nach meiner Sicht fast selbstverständlich in die Nähe der asiatischen Heilswege. Und das deshalb, weil auch aus deren Sicht das Freisein von sogenannten neurotischen Störungen ganz am Anfang des geistigen Weges steht. Gemeinsam ist spiritueller Praxis und Psychologie, dass sie beide darauf abzielen, Leiden zu lindern und Selbsterkenntnis zu bewirken. Sie tun das allerdings auf ihre jeweils spezifische Weise. Bei der Therapie gibt der Klient die Richtung vor und der Psychologe versteht sich als Partner des Hilfesuchenden. Bei der spirituellen Unterweisung führt der Lehrer seinen Schüler.

Zen-Meditation

Das Zazen, die Meditation des Zen, ist die grundlegende Übung für alle Anhänger des Zen-Buddhismus. Zazen heilt die innere Zerrissenheit des Menschen und sorgt dafür, dass der Organismus wieder als ein Ganzes funktioniert. Wenn diese Ganzheit aus irgendeinem Grunde aus der Balance gerät und einzelne Aspekte die Oberhand gewinnen, entstehen seelische Fehlhaltungen und/oder Krankheiten. So kann der Organismus von der mangelhaften Funktion eines Organs, wie zum Beispiel des Herzens, beeinträchtigt sein. Er kann auch negativen sozialen Einflüssen wie beruflichem Stress, Eheproblemen oder einer schwierigen Kindheit ausgesetzt sein. Schließlich können seelische Fehlhaltungen und Krankheiten auch symbolischer Ausdruck des Kampfes zwischen elementaren Kräften innerhalb der Persönlichkeit sein. Nicht immer ist es möglich, durch analytisches Forschen der Ursache einer Erkrankung auf den Grund zu kommen. Zazen unternimmt diesen Versuch gar nicht, sondern folgt seinen eigenen, undurchschaubaren und unlenkbaren Mechanismen.

Mehr als 1200 wissenschaftliche Studien liegen derzeit vor, die sich mit der Wirkung von Meditation beschäftigt haben. Aus ihnen ergibt sich eindeutig, dass Meditation das Immunsystem stärkt, erhöhten Blutdruck senkt, Stress und Schlafstörungen reduziert und depressive Episoden mildert und verkürzt. Unbestritten ist also: Meditation hat eine therapeutische Wirkung. Gleichzeitig gilt: Mediation ist keine Therapie.

Zur Übung der Zen-Meditation breitet man einfach eine weiche Unterlage, üblicherweise eine Decke, aus. Um das Gesäß etwas anzuheben, setzt man sich auf ein Meditationskissen oder ein Holzbänkchen. Die etwas erhöhte Position ist notwendig, um eine aufrechte Haltung einnehmen zu können, ohne den Rücken sehr stark durchdrücken zu müssen. Auf einem Kissen sitzend legt man die Beine in der Lotos- oder Halblotos-Stellung zusammen, der Haltung, die man von Buddhastatuen her kennt. Die Lotos-Haltung ist die am meisten geschätzte, aber auch die anspruchvollste Meditationshaltung.

Benutzt man ein Holzbänkchen, kniet man sich auf die Decke und schiebt dann das Bänkchen unter das Gesäß. Die Beine liegen unter dem Sitzbrett des Bänkchens. Diese Haltung ist besonders für Anfänger und ältere Übende günstig, da sie die Gelenke nicht so sehr beansprucht. Der Oberkörper darf sich gerade aufrichten und die Wirbelsäule ihre natürliche S-Form einnehmen. Die Schultern sind entspannt und der Nacken etwas gestreckt. Die Hände werden zusammengelegt, die rechte Hand ist unten, die linke oben. Der Mund ist geschlossen, man atmet allein durch die Nase. Die Augen sind halb geöffnet und schauen nichts Bestimmtes an. Es ist vor allem für Anfänger besser, die Augen nicht zu schließen, da sonst die Innenwelt eine zu starke Eigendynamik entfaltet und den Meditierenden vom gegenwärtigen Moment forttreibt. Bedeutsam ist der Vorgang der Atmung: Die Ausatmung ist betont lang und langsam, so lang, dass die Einatmung quasi wie von selbst erfolgt. Ist diese Haltung korrekt eingenommen und die Atmung entsprechend harmonisiert, tauchen üblicherweise immer wieder Gedanken, Ideen, Pläne und Erinnerungen in unserem Bewusstsein auf. Das ist zwar normal, kann aber, da der Gedankenstrom auch bei längerer Meditationsdauer anzudauern scheint, wirklich sehr quälend sein. Man darf die Gedanken nicht unterdrücken, sollte sie aber auch nicht nähren. In den klassischen Texten des Zen heißt es immer wieder, dass man die Gedanken vorbeiziehen lassen soll. Wenn man bemerkt, dass sich Gedankenketten bilden, ist es ratsam, zur Konzentration auf die Ausatmung zurückkehren.

Zusammenfassend besteht also die Zen-Meditation aus drei Elementen: aus der Haltung, der Atmung und dem Bewusstsein. Schon von der ersten Stunde an ist es geboten, alle drei Ebenen zu üben. Dabei steht zunächst die Haltung im Vordergrund. Ist man sich in der Haltung sicher, übt man die Atmung, dann lenkt man die Konzentration auf die Vorgänge im Bewusstsein. Wenn alle drei Ebenen in Harmonie sind, entsteht die echte, tiefe Meditation, das sogenannte Samadhi.

Die Übung der Autosuggestion

Die therapeutische Wirkung von Meditation ist, wie oben ausgeführt, eher unspezifisch. Meditation regt die gesunden Heilungstendenzen des Menschen an und geht dabei ganzheitlich und nicht zielgerichtet vor. Meditation ist deswegen immer und für jeden Menschen gut und hilfreich. Sie verhilft zu innerer Balance und Ruhe und hat darüber hinaus einen Wert in sich selbst. Es wäre auch nicht gut, an diesem grundlegenden Charakteristikum der Zen-Meditation etwas zu ändern und den Versuch zu unternehmen, das Zazen mit Zweck- und Nützlichkeitsdenken zu befrachten. Aber dennoch: Zazen ist grundsätzlich bei allen hier vorgestellten Problemlagen gut und hilfreich!

Da es in diesem Buch um konkrete Lebenshilfe geht, ist nach meiner Überzeugung den beiden Elementen 1. kognitive Einsicht und 2. Zazen noch ein drittes hinzuzufügen: die autosuggestive Intervention (Selbsthypnose). Am Ende eines jeden Kapitels befindet sich daher eine kurze Anleitung zu einer autosuggestiven Übung. Der Leser darf sich in diesem Zuge bequem hinsetzen oder hinlegen. Er wird angeleitet, seinen Verstand zur Ruhe zu bringen und sich innerlich den jeweilig vorgeschlagenen Satz zu sagen und ihn mehrfach zu wiederholen. Durch die Wiederholung prägt sich dieser Lehrsatz allmählich tief ins Unbewusste ein und wird seine Wirkung entfalten. Die Übung der Autosuggestion ist – auch meiner Erfahrung nach – ein bewährtes und anerkanntes Mittel zur Selbsttherapie. Auch recht kurze, aber täglich wiederholte Übungen, wie sie hier vorgeschlagen werden, können bei spezifischen Problemen sehr wirksam sein.

In den Lehrreden Buddhas (Majihima-Nikaya 19) heißt es so schön: „Woran man viel und häufig denkt, da schafft oder verstärkt man eine Neigung des Geistes. Wer sinnlichen Vorstellungen nachhängt, verstärkt die Sinnlichkeit. Wer Hassgedanken hegt, verstärkt die Abneigung. Wer häufig daran denkt, andere zu verletzen, verstärkt die Grausamkeit. Wessen Geist oft beim Loslassen weilt, löst sich von den Dingen und verstärkt die Fähigkeit zum Loslassen. Wer oft liebevolle Gedanken hat, dessen Herz erfüllt sich mit Liebe, und die Abneigung wird schwächer."

Diese Eigenschaft des menschlichen Geistes, die bereits Buddha kannte und die von verschiedenen modernen Therapieformen, wie etwa der Verhaltenstherapie genutzt wird, kann man glücklicherweise auch gezielt für eine gewünschte Lebensveränderung einsetzen.

Mit der Technik der Selbsthypnose haben wir eine bewährte Möglichkeit, mit unserem Unbewussten Kontakt aufzunehmen und dauerhafte Veränderungen herbeizuführen. Hypnose und Selbsthypnose haben beileibe nichts mit Magie und Zauberei zu tun. Es handelt sich bei seriös angewendeter Hypnose um einen Geisteszustand, der mit tiefer Entspannung, nach innen gerichteter Wahrnehmung und erhöhter Beeinflussbarkeit verbunden ist. Man kann sagen, dass Hypnose ein Zustand zwischen Schlaf und Wachsein, ein Zustand der Trance ist. Je tiefer wir in Trance geraten, desto mehr öffnen wir uns unserem Unbewussten und umso empfänglicher werden wir für therapeutische Suggestionen.

1. Zunächst dürfen Sie sich einen behaglichen Platz aussuchen, einen bequemen Sessel oder ein Sofa. Der Raum, in dem Sie sich befinden, sollte nicht zu hell und angenehm warm sein. Achten Sie darauf, dass Sie für die gewählte Zeit nicht durch technische Geräte oder andere Personen gestört werden.

2. Zu Beginn setzen Sie sich ein Zeitlimit. Sagen Sie sich: Nach 10 Minuten wache ich allmählich aus der Trance auf. Meine Augen öffnen sich und ich fühle mich erholt und ausgeglichen.

3. Schließen Sie die Augen und beginnen Sie damit, einige tiefe Atemzüge zu machen. Dann entspannen Sie nach und nach alle Muskeln Ihres Körpers. Sie können damit oben beim Kopf oder unten bei den Zehen anfangen. Wenn Sie die einzelnen Muskelgruppen betrachten, werden Sie erstaunt sein, wie viel unnötige Verspannung Sie an einigen Stellen vorfinden.

4. Wenn Sie nun Ihre Muskeln erfolgreich entspannt haben und sich in einer leichten Trance befinden, gilt es, diesen Zustand aufrecht zu erhalten und zu vertiefen. Dazu stellen Sie sich eine nach unten führende Treppe mit zehn Stufen vor. Nun schreiten Sie langsam diese Treppe herunter und zählen dabei die Stufen rückwärts von zehn, der obersten Stufe, bis zu eins, der untersten Stufe. Sagen Sie sich etwa: „Ich werde bei jeder Stufe, die ich herabsteige, entspannter. Ich gehe die 10. Stufe herunter und bin ganz entspannt, ich gehe die 9. Stufe herunter und bin noch entspannter. Ich schreite die 8. Stufe herunter und fühle

mich ruhig und gelassen. Ich gehe die 7. Stufe herunter und ein angenehmes Gefühl breitet sich in mir aus."

5. Ganz unten angekommen werden Sie sich wahrscheinlich in einer tiefen Trance befinden. Jetzt erst kommt der „Zielsatz" zur Anwendung, der eine bestimmte Veränderung bewirken soll. Sagen Sie sich diesen Satz innerlich laut vor, stellen Sie ihn sich vor, setzen Sie alle Sinne ein, um ihn sich zu verinnerlichen und vertrauen Sie darauf, dass er sich Ihrem Unbewussten einprägt. Wichtig ist es auch, diesen Satz einige Male zu wiederholen. Mehr brauchen Sie nicht tun, alles Weitere übernimmt Ihr Unbewusstes ganz von allein.

6. Zur Beendigung der Selbsthypnose gehen Sie die bereits oben vorgestellte Treppe wieder hinauf. Sagen Sie sich: „Ich werde nun Stufe für Stufe wacher. Ich betrete die 9. Stufe und fühle mich etwas wacher. Ich löse mich allmählich aus der Trance und betrete die 8. Stufe ..." Sind Sie oben angekommen, dürften Sie erfahrungsgemäß wieder wach und gegenwärtig sein. Damit ist die Sitzung beendet.

Zunächst einmal ist es wichtig, die Hypnose zu üben. Oft braucht es etwas Zeit, den Trancezustand zu erreichen. Auch Selbsthypnose muss gelernt werden. Gut wäre regelmäßige, tägliche Übung. Man muss dem Unbewussten genügend Zeit lassen, die induzierten Suggestionen anzunehmen und zu integrieren. Als Tageszeit sind vor allem die Abendstunden sehr gut geeignet, da dann Körper und Geist ohnehin auf Ruhe eingestellt sind und sich Störungen aus der Umgebung in Grenzen halten.

. . .

Anweisung zur Lektüre des Buches:

Unter römisch **I.**
wird die jeweilige psychische Fehlhaltung beschrieben.

Unter **II.**
erfolgt eine Analyse der Ursachen.

Unter **III.**
werden Strategien zur Bewältigung des Problems erörtert.

Unter **IV.**
werden konkrete Handlungsanweisungen gegeben und

unter **V.**
schließlich wird ein Leitsatz zur Selbstsuggestion vorgeschlagen.

1.
Mangelndes Selbstvertrauen

I. Um uns im Leben sicher zu bewegen, Schwierigkeiten zu meistern und in den Wechselfällen des Lebens bestehen zu können, brauchen wir ein gesundes Selbstbewusstsein. Das Vertrauen in die eigenen Möglichkeiten und Fähigkeiten ist notwendig, um unser Lebensschiff durch die Stürme, Nebelbänke und Untiefen des Schicksals steuern zu können. Nicht ohne Grund ist in diesem Buch das Problem mangelnden Selbstbewusstseins ganz an den Anfang gestellt worden, denn es ist die Grundursache vieler, wenn nicht gar der meisten, der in diesem Werk aufgeführten seelischen Fehlhaltungen.

Echtes Selbstvertrauen entspringt im Inneren eines jeden Menschen, der eine gesunde Entwicklung durchlaufen hat. Dazu gehören etwa als Kind ausreichend geliebt, in seiner Erziehung auch gelobt und nicht nur getadelt worden zu sein; zu Freundschaften und Liebe fähig zu sein sowie Dinge bewältigt, überstanden oder realisiert zu haben, auf die man mit Recht Stolz sein kann. Äußere Einflüsse haben auf Menschen mit einem gesunden Selbstbewusstsein keinen großen Einfluss. Zweifel, der Vergleich mit anderen, Angst vor Misserfolgen und Vermutungen über das, was andere über sie denken, beeinträchtigen nicht ihren Glauben an sich selbst. Menschen mit Selbstvertrauen konzentrieren sich auf ihre Stärken und sind, auch wenn ihnen der Wind entgegenweht, aufs Gelingen fixiert. Und genau hier liegt der Unterschied zu Menschen, die ein nur geringes Selbstwertgefühl haben. Diese konzentrieren sich auf tatsächliche oder vermeintliche Fehlschläge und sorgen sich intensiv über die Konsequenzen ihres Tuns. Nicht die eigenen Stärken, sondern die eigenen Schwächen und Zweifel an sich selbst stehen im Vordergrund.

Wessen Selbstvertrauen zu schwach entwickelt ist, der wird mit dem Problem mangelnder Lebensführung zu kämpfen haben. Er wird dazu neigen, sich anderen von vornherein unterlegen zu fühlen und sich, wenn er sich einmal vorgewagt hat, schnell wieder zurückziehen. Über seine eigenen Lebensziele, wenn es überhaupt welche gibt, denkt er nicht gerne nach – er lässt sich lieber durch die Umstände treiben. Dabei zweifelt er noch nicht einmal an der eigenen Unfähigkeit, sondern ist von ihr vollkommen überzeugt. Die negative Grundhaltung führt nicht selten zu Vermeidungsstrategien: „Ehe ich wieder etwas falsch mache, versuche ich es erst gar nicht." Mit dieser „klappt ja doch nicht"-Einstellung vermeidet man zwar das (erneute) Scheitern, bringt sich aber auch von vornherein um jeden möglichen Erfolg. Das fehlende Selbstvertrauen beeinträchtigt das private Auftreten, das berufliche Fortkommen und die Verwirklichung von Plänen und Interessen überhaupt. Mit der Zeit verarmt auf diese Weise die Persönlichkeit, denn neue Erfahrungen werden nicht gemacht und eine charakterliche Weiterentwicklung findet nicht statt.

II. Der Irrtum des an mangelndem Selbstwert leidenden Charakters liegt darin, frühere, negative Erlebnisse zum Maßstab aller Erfahrungen zu machen. Das Gefühl, etwas bestimmt nicht schaffen zu können, wird zur absoluten, unüberwindbaren Grenze, an der jede Entfaltung zum Stillstand kommt. Zukunftspläne, Wünsche nach mehr Selbstbestimmung und Autonomie, die durchaus vorhanden sind, werden rigoros den selbstbeschränkenden Vorstellungen der eigenen Minderwertigkeit untergeordnet und dementsprechend verworfen. Oft kommen die Argumente von Menschen mit Selbstwertproblemen sehr vernünftig daher. Sie können sehr rational begründen, warum sie dieses oder jenes nicht können oder wollen: „Jemand wie ich hat da doch keine

Chance ...", „Wenn ich keine Frau wäre, ja dann ...", „In meinem Alter kann man doch nicht mehr ...".

Das Problem mangelnden Selbstvertrauens ist meist schon in der frühen Kindheit entstanden und deswegen auch so tief in der Persönlichkeit verankert. Ist man als Kind von den Eltern immer mit älteren, klügeren oder einfach nur frühreiferen Geschwistern verglichen worden, dann kann das ein Grund für spätere Minderwertigkeitskomplexe sein. Möglicherweise haben es die Eltern mit dem Hinweis auf Geschwister oder Nachbarskinder, die in der Schule besser abschnitten, durchaus gut gemeint. Sie wollten ihr Kind anspornen sich mehr anzustrengen, haben es aber auf diesem Wege entmutigt. Es gibt auf jedem Gebiet Menschen, denen man nicht gewachsen ist, das ist auch bei Erwachsenen so. Spielt man mit einem Wimbledonsieger Tennis, wird man nie ein Spiel gewinnen. Will man wirklich wissen, wie gut man Tennis spielt, sollte man mit einem Partner spielen, der dem eigenen Niveau entspricht.

Die tatsächlichen Fähigkeiten eines Menschen werden von Eltern und Lehrern oft gar nicht erkannt und dementsprechend auch nicht gewürdigt. Wer sich als Schüler in mehreren „wichtigen" Fächern ausgesprochen schwer tut, der kann über wertvolle Kompetenzen verfügen, die im Fächerkanon einer Schule gar nicht vorgesehen sind. Er kann musisch und künstlerisch begabt sein, über besonderes soziales Feingefühl verfügen oder er kann jemand sein, der einfach für alles, was er tut, sehr viel mehr Zeit braucht als andere. Es gibt prominente Beispiele für solche Charaktere: Albert Einstein oder der Polarforscher John Franklin.

III. Menschen mit Selbstwertproblemen müssen zu einer realistischen Einschätzung der eigenen Schwächen und Stärken gelangen. Sie brauchen zunächst einmal den Mut, neue Erfahrungen zu machen, denn ohne diese kann Selbstvertrauen nicht wachsen. Der innere Leitsatz „Ich kann nicht!" muss ersetzt werden durch ein optimistisches „Mal schauen, ob es geht!" Man sollte sich Ziele setzen, die man auch erreichen kann. Unrealistisch hohe

Ziele führen nur zu weiteren Frustrationen. Von einem trotzigen „Ich kann alles! Ich schaffe, was ich will!", wie es von den Propheten des populären „Positiven Denkens" propagiert wird, ist deshalb eher abzuraten. Von einem verkrampften „Ich kann nicht" zu einem verbissenen „Ich kann alles!" zu kommen ist kein großer Fortschritt. Krampf und Verbissenheit müssen verschwinden und durch eine spielerische Lockerheit ersetzt werden, die auch Niederlagen und Rückschläge ertragen kann. In jedem menschlichen Leben gibt es Siege und Niederlagen, Fortschritte und Rückschläge, Chancen und Sackgassen.

Was zeichnet Menschen mit einem gesunden Selbstvertrauen aus? Sie fühlen sich für ihr Leben verantwortlich und machen ihre Zufriedenheit nicht von anderen abhängig. Sie überantworten weder ihr Schicksal, noch ihr Glück anderen Menschen und sie sind auch nicht der Auffassung, dass diese ihnen Liebe, Zuneigung oder Glück schuldig sind. Daher fühlen sie sich nicht betrogen und hintergangen, wenn ihre Bedürfnisse oder Erwartungen von anderen nicht erfüllt werden. Sie sind vielleicht enttäuscht, aber das ist eine normale Reaktion.

Was sich bei Menschen mit Selbstwertproblemen häufig findet, ist der Vergleich mit anderen. Sie möchten liebend gerne wie ein anderer, aber auf keinen Fall sie selbst sein. Da liegt das Grundproblem. Genau genommen sehen sie das Verhältnis verzerrt, denn die Betreffenden sehen den anderen übergroß und halten sich selbst für klein und nichtig. Im anderen sehen sie all das verwirklicht, was sie selbst gerne wären, sehen sie all die guten Eigenschaften, die sie selbst gerne hätten. Dass aber dieser ideale Mensch nicht real existiert, sondern ein Produkt ihrer Fantasie ist, sehen sie nicht. Fantasien können manchmal eine fatale Wirkung ausüben.

Sich über Gebühr mit anderen zu vergleichen, ist keine besonders lohnende Strategie, denn auf diesem Wege kann man keine adäquaten, dem eigenen Naturell entsprechenden Leistungsmaßstäbe aufbauen. Will man zu einer realistischen Selbsteinschätzung kommen, muss man alle Fremdmaßstäbe fallen lassen und seinen Blick auch auf das lenken, was man bereits geschafft, verwirklicht und geleistet hat. Meister Rinzai sagte einmal: „Lasst euch nicht von anderen verwirren. Handelt stattdessen, wenn es erforderlich ist, ohne Zweifel und Zögern." Gelungenes Leben heißt, der eigenen Natur entsprechend zu denken und zu handeln, nicht aber den Lebensweg anderer zu kopieren.

Der berühmte japanische Zen-Meister Dogen reiste als junger Mönch auf der Suche nach einem authentischen Meister einige Jahre durch China. Auf einem Markt traf er einen alten Mönch, der mehrere Körbe Gemüse eingekauft hatte. Dogen sprach ihn an und erfuhr, dass dieser Mönch der Koch eines weit entfernten Klosters war. Angesichts des hohen Alters des Mönchs und der vor ihm liegenden langen Strecke sagte Dogen zu ihm: „Warum macht ihr euch noch auf eine so beschwerliche Reise? Könnte das nicht ein anderer machen?" Darauf sagte der Koch: „Ich bin kein anderer." Dieser Satz „Ich bin kein anderer" brannte sich so tief in Dogens Geist ein, dass er zu einem der Leitmotive seiner späteren Lehrtätigkeit wurde. Wer dazu neigt, sich mit anderen zu vergleichen, der sollte sich ruhig auch einmal sagen: „Ich bin kein anderer!"

Auch und gerade für Menschen mit mangelndem Selbstvertrauen gilt, dass ihr Denken weiter und umfassender werden muss, um der für sie typischen Selbstbegrenzung zu begegnen. An jedem neuen Tag ist ein neuer Anfang möglich, wenn man in der Lage ist, den Ballast des Vergangenen hinter sich zu lassen. Manchmal ist es notwendig, den schweren Rucksack alter Erfahrungen von den Schultern zu nehmen und am Straßenrand stehen zu lassen. Dann gibt es aber auch den genau gegenteiligen Auftrag: sich bewusst machen, was man geleistet hat und was einem schon gelungen ist. Unglückliche Menschen sehen oft leichtfertig über alles hinweg, was sie bereits erreicht haben und was sie können. Sie hadern stattdessen mit allem, was sie nicht erreicht haben und klagen über das, was ihnen nicht gelungen ist.

IV. Der Aufbau eines gesunden Selbstvertrauens ist fundamental wichtig für jeden Menschen. Wie kann man sein Selbstvertrauen stärken:

- indem man seine Fehler akzeptiert und seine eigenen Stärken und Schwächen erkennt

- indem man lernt, mit Misserfolgen angemessen umzugehen

- indem man Neues wagt und sich seinen Versagensängsten stellt, ohne auf diese zu hören

- indem man sich bei allen Herausforderungen sagt: Was immer auch kommt, ich werde einen Weg finden, damit umzugehen.

V. Übung:

Halten Sie sich an die Anweisungen zur Selbsthypnose in der Einleitung. Beruhigen Sie einige Minuten lang in entspannter Körperlage Ihre Atmung. Achten Sie dabei vor allem auf eine lange und langsame Ausatmung. Wenn Sie die tiefe Trance erreicht haben, sagen Sie innerlich laut:

> „Meine Persönlichkeit
> entfaltet sich auf natürliche Weise."

Wiederholen Sie diesen Satz im Abstand von etwa einer Minute vier- bis fünfmal und kommen Sie dann aus der Entspannung zurück. Die ganze Übung dauert etwa 10 Minuten. Sie sollte nach Möglichkeit mehrmals in der Woche wiederholt werden, damit die Selbstprogrammierung nachhaltig wirksam werden kann.

2.

Nicht „Nein" sagen können

I. Hilfsbereitschaft ist sicher eine sehr gute und lobenswerte Eigenschaft. Wie sähe eine menschliche Gesellschaft aus, in der es keine Hilfsbereitschaft gäbe? Manchmal brauchen wir die Hilfe von anderen und manchmal müssen wir anderen unsere uneigennützige Hilfe zukommen lassen. Für Menschen mit starkem Gemeinschaftsgefühl und ausgeprägtem Verantwortungsbewusstsein ist es nicht nur Pflicht helfend tätig zu sein. Es bringt ihnen auch Erfüllung und es macht ihnen Freude.

Dennoch gibt auch hier eine Grenze des Guten und Zumutbaren. Wir müssen einen genauen Kompass entwickeln, wann unser Dienst am Nächsten richtig und angemessen ist und wann er in Ausnutzung umschlägt. Zwischen Geben und Nehmen sollte eine stimmige Balance bestehen. Bei zu großer Einseitigkeit sollte man aufmerksam werden und die Beziehung überdenken. Dies soll keine Aufforderung zu ständiger Aufrechnung eigener und fremder „Leistungen" sein, vielmehr geht es darum, ein Gespür für angemessene Hilfsbereitschaft zu entwickeln. Menschen, denen es daran fehlt und die anderen keine Bitte abschlagen können, geraten leicht unter den Einfluss stärkerer Persönlichkeiten, ja oftmals suchen sie diese Abhängigkeit auch geradezu. In ihrem Wunsch nach Anerkennung und Bestätigung opfern sie sich nicht selten bis an den Rand der Erschöpfung für andere auf. Seltsamerweise ändern sie ihr Verhalten auch dann nicht, wenn eigentlich klar

geworden sein müsste, dass ihr Bemühen nicht gewürdigt, sondern stattdessen als selbstverständlich hingenommen wird. Zu tief
haben sie sich schon in die Dienerschaft hineinmanövriert, zuviel
an Eigenwille ist schon aufgegeben worden. Man kann durchaus
von einer Flucht vor sich selbst sprechen, wenn Menschen sich
mit Haut und Haar einer „großen Sache" verschreiben, sich einer
Ideologie oder einem zweifelhaften Guru unterwerfen. Fanatiker
und Diktatoren, manchmal aber auch Vorgesetzte, kennen den
Charakterzug vieler Menschen, sich bereitwillig unterzuordnen
und kritiklos zu folgen, sehr genau und nutzen ihn schamlos aus.
Die an sich positive Eigenschaft, eigene Interessen und Wünsche
hintanzustellen und einem größeren Ganzen zu dienen, scheint
bei willensschwachen Menschen im Übermaß vorhanden zu sein.
Tatsächlich aber ist sie eine Flucht davor, eigene Interessen aus-
zubilden und eigene Wünsche zu verwirklichen. Als Folge davon
geraten sie in einen Zustand der Unmündigkeit und Abhängigkeit.

Meistens haben Menschen, die schlecht „Nein" sagen können,
die fast magische Gabe sofort zu spüren, was andere erwarten
und dann fällt es ihnen sehr schwer, diese Erwartungen nicht zu
erfüllen. Ist das Erkennen fremder Erwartungen erst zur Gewohnheit geworden, ist es nicht leicht, sie abzulegen. Zunächst einmal
muss der Ablauf bewusst gemacht, durchschaut werden. Das ist
der erste Schritt. Vor jeder Entscheidung sollte man sich zunächst
fragen „Was will ich eigentlich wirklich?" und man sollte prüfen,
ob die Erwartungen des anderen mit den eigenen Vorstellungen
übereinstimmen. Dann sollte man sich immer auch fragen, was die
tatsächlichen Motive des anderen sind, wenn er um etwas bittet.
Tue ich jemandem einen Gefallen, was völlig in Ordnung ist, oder
lasse ich mich vor einen Karren spannen, den ich im Grunde gar
nicht ziehen will.

II. Wer zu oft nicht auch einmal „Nein" sagen kann, bei dem ist
das Verhältnis zum eigenen Willen gestört. In der Regel liegt hier
ein Problem von mangelnder Abgrenzungsfähigkeit, verbunden
mit der Angst vor Ablehnung vor, das zu übertriebener Hilfsbe-

reitschaft führt. Die innere Haltung ist äußeren Einflüssen gegenüber zu nachgiebig und der Eigenwille zu schwach ausgebildet. Ist die Neigung, dem eigenen Urteil nicht zu trauen, sehr ausgeprägt, so ist der Betreffende bedenklich unsicher und beeinflussbar. Sich unter diesen Umständen dem Willen einer selbstsicheren und willensstarken Person zu unterwerfen ist zwar naheliegend und nachvollziehbar, aber es ist der falsche Weg. Nur die Kenntnis der eigenen Fähigkeiten, Interessen und Schwächen führt zu persönlicher Reife und zur Ausbildung des eigenen Willens. Dem Wunsch nach Anerkennung und Bestätigung darf nicht auf Kosten der eigenen Persönlichkeitsentwicklung nachgegeben werden, da der Betreffende sonst vor lauter Uneigennützigkeit seine eigenen Interessen aus dem Blick verliert.

Die Entwicklung einer eigenen Individualität braucht die Abgrenzung vom Willen, Wünschen und den Urteilen und Meinungen anderer. Normalerweise vollzieht sich dieser wichtige Persönlichkeitsschritt während der Pubertät in der modellhaften Ablösung von den Eltern. Für diese ist es eine oft schwierige, manchmal fast unerträgliche Zeit, die aber im Sinne der Persönlichkeitsentwicklung unbedingt notwendig ist. Jugendliche, die in diesem Lebensabschnitt sehr fügsam und gutwillig sind, laufen eher Gefahr, später Probleme mit Abgrenzung und Willensstärke zu bekommen, als Jugendliche, die unbequem und aufsässig sind.

III. Buddha Shakyamuni ist sicher der ganzen Welt als mitfühlender, aufopferungsbereiter und edler Charakter bekannt. Er widmete sein Leben denen, die nach Befreiung und letzter Erkenntnis suchten. Als er 29 Jahre alt war, hatte er radikal „Nein" zu einem bequemen höfischen Leben im Kreise seiner Familie gesagt. Er verließ Palast, Vater, Frau und Kind, um als in Lumpen gekleideter Bettelmönch im Gangestal umherzuziehen und nach geistiger Befreiung zu suchen. Im Verlaufe seiner Lehrzeit studierte er bei verschiedenen Lehrern. Hatte er die Übungen eines Meisters lange geübt und dessen Lehre verstanden, aber keine wirkliche Befreiung erlangt, dann zog er weiter. Bei aller milden Herzlichkeit, die

Buddha zu eigen war, verlor er nie sein eigentliches Ziel aus den Augen: die Befreiung.

Wie gesagt: Es ist durchaus gut und ehrenwert, anderen zu helfen und zu dienen, aber wir haben auch eine Verpflichtung uns selbst gegenüber. Die Aufgabe, unser eigenes Potential zu entfalten und unserem eigenen Lebensplan zu folgen, kann uns niemand abnehmen. Es wäre sogar sehr nachteilig, wenn es ein anderer an unserer Stelle könnte. Wir müssen eher damit rechnen, dass andere Menschen, auch solche, denen wir sehr nahe stehen, uns bei der Selbstfindung Steine in den Weg legen. Nicht jedem in unserer Umgebung ist es recht, wenn wir aus Konventionen ausbrechen und alte Gewohnheiten ablegen.

Natürlich soll dies keine Aufforderung zu einem Selbstver-wirklichungs-Egotrip sein, wie man ihm immer wieder mal begegnet. Buddha hatte einen sehr klaren Plan, nachdem er in die, wie es in den zeitgenössischen Texten heißt, „Hauslosigkeit" gezogen war. Er suchte nach der vollständigen, allumfassenden Erkenntnis. In dieser Zeit war er Suchender, Schüler, Bedürftiger und er lehrte nichts und hatte auch noch nichts, was er lehren konnte. Erst nachdem er die Erleuchtung erfahren hatte, wandte er sich anderen Menschen zu, da erst war er Lehrer, Meister und Buddha, der Erhabene. Die einfache Tatsache, dass man erst lernen muss, wenn man lehren will, ist heute im spirituellen Bereich wenig populär. Mehr denn je trifft heute zu, was der indische Heilige Ramakrishna sagte: „Lehrer gibt es wie Sand am Meer, aber es ist heute schwierig, auch nur einen guten Schüler zu finden!"

IV. Wer Probleme damit hat, auch mal „Nein" zu sagen, fürchtet sich vor Ablehnung durch andere. Was kann man tun?

- Man sollte einmal prüfen, ob diese Angst wirklich berechtigt ist. Werde ich tatsächlich abgelehnt, wenn ich „Nein" sage? Und wenn ja, ist das wirklich katastrophal für mich oder könnte ich damit leben? Es wäre vielleicht unangenehm, doch es wäre zu ertragen. Daher sollte man das Risiko, „Nein" zu sagen, eingehen und sich vor Ablehnung nicht zu sehr fürchten. Es ist ja nicht sicher, dass der Betreffende auch in der Weise reagiert, wie ich annehme oder befürchte. Möglicherweise reagiert er auch ganz anders. Er könnte ja Verständnis für das „Nein" haben und dies auch zum Ausdruck bringen.

▪ Man sollte sich vor Augen führen, was mit dem Aussprechen eines „Nein" gewonnen werden kann: Man kann sich den Respekt der anderen erwerben, wenn man zu seiner Meinung steht; es könnte sein, dass eigene Wünsche und Vorstellungen dadurch wesentlich eher erfüllt werden; es fördert in jedem Fall das eigene Selbstbewusstsein und es vermeidet, da man Verantwortung für sich übernommen hat, das ungute Gefühl, wieder einmal „eingeknickt" zu sein.

▪ Man sollte sich angewöhnen, immer eine Bedenkzeit einzulegen, wenn man zum Helfen oder Mitmachen aufgefordert wird.

▪ Man sollte dafür sorgen, dass die Person, der gegenüber man ein „Nein" ausspricht, sich verstanden fühlt. Signalisiert man Verständnis für das Anliegen des anderen, kann man meistens auch darauf zählen, selbst verstanden zu werden. Man könnte etwa mit dem Satz beginnen: „Ich fühle mich wirklich geehrt, dass du mich um Hilfe bittest, aber..."

▪ Manchmal hat man es mit sehr egozentrischen und fordernden Menschen zu tun, die versuchen, Schuldgefühle zu wecken, wenn man ihren Wünschen nicht entspricht. In einem solchen Fall sollte man sich auf eine Gegenreaktion vorbereiten und die Betreffenden an ihre eigene Verantwortung erinnern, denn es sind ihre Erwartungen, die nicht erfüllt werden. Nicht man selbst, sondern derjenige, der bestimmte Interessen durchsetzen will, hat dafür die volle Verantwortung. Zuzustimmen und mitzumachen geschieht freiwillig, ist aber nicht Pflicht.

V. Übung:

Halten Sie sich an die Anweisungen zur Selbsthypnose in der Einleitung. Beruhigen Sie einige Minuten lang in entspannter Körperlage Ihre Atmung. Achten Sie dabei vor allem auf eine lange und

langsame Ausatmung. Wenn Sie die tiefe Trance erreicht haben, sagen Sie innerlich laut:

**„Ich helfe anderen gerne,
aber ich habe das Recht auf ein eigenes Leben!"**

Wiederholen Sie diesen Satz im Abstand von etwa einer Minute vier- bis fünfmal und kommen Sie dann aus der Entspannung zurück. Die ganze Übung dauert etwa 10 Minuten. Sie sollte nach Möglichkeit mehrmals in der Woche wiederholt werden, damit die Selbstprogrammierung nachhaltig wirksam werden kann.

3.
Entscheidungsunsicherheit

I. Die Frage, ob man dieses oder jenes tun soll, stellt sich uns täglich in den verschiedensten Bereichen unseres Lebens. Die meisten Entscheidungen treffen wir schnell und spontan. Vor allem Entscheidungen, die, wie auch immer sie getroffen werden, keine weitreichenden Folgen nach sich ziehen können, werden rasch gefällt. „Gehe ich heute zum Frisör oder lieber morgen?" „Soll ich dieses Buch kaufen?" In solchen Fällen fallen uns Entscheidungen in der Regel leicht. Aber wenn es um wirklich wichtige Dinge geht, wenn viel für uns auf dem Spiel steht, dann werden wir unsicher und trauen unseren ersten, spontanen Einfällen nicht mehr. Wir wollen alles gut und richtig machen und beginnen nachzudenken. Immer wieder wägen wir alle positiven und negativen Seiten gegeneinander ab, kommen aber zu keinem Ergebnis. Auf diesem Wege können sich Entschlüsse quälend lange hinziehen. In dieser Zeit stehen möglicherweise schon wieder andere, ebenso wichtige Entscheidungen an, die auch angegangen werden müssen. Irgendwann sind dann etliche Probleme in der „Warteschleife".

Entscheidungsunsichere Personen neigen dazu, vieles anzufangen und nichts zu Ende zu bringen. In all ihren euphorischen Aufbrüchen neigen sie dazu, sich heillos zu verzetteln. Stehen bei der einen Sache wichtige Weichenstellungen an, fliehen sie in ein neues, ganz anderes Projekt. Anstatt sich festzulegen, brechen sie zur Seite aus und versuchen dem Problem durch Ablenkung zu entfliehen.

Manch ein Betroffener wendet sich nicht Hilfe suchend an andere, er will seine Probleme alleine lösen. Andere gehen durchaus auf Mitmenschen zu und fragen um Rat. Manchmal können uns andere auch weiterhelfen, oft aber auch nicht, denn mit voreiligen Ratschlägen sind die meisten Menschen schnell zur Hand.

Woran erkennt man einen guten Ratgeber? Einen wirklich fähigen Berater erkennt man daran, dass er zunächst einmal gründlich zuhört und mehrmals genau nachfragt, ehe er einen Rat erteilt, wenn er überhaupt einen gibt. Denn besser noch als Ratschläge zu bekommen ist es, zum Auffinden der eigenen Lösung geführt zu werden. Folgt man den Urteilen und Meinungen anderer zu sehr und zu oft, wird man zu Handlungen verführt, hinter denen man nicht wirklich steht. Wenn man jemanden fragt: „Was würden Sie an meiner Stelle tun?", sollte man sich genau darüber im Klaren sein, dass der andere „meine Stelle" nur unzureichend kennt. In Wirklichkeit kann niemand die Stelle eines anderen einnehmen, auch nicht für einen Moment.

Und selbst wenn man den Rat eines Anderen erhält, muss man immer noch entscheiden, ob man ihn befolgt oder nicht. Das Problem der Entscheidungsunsicherheit ist damit nicht wirklich gelöst, es hat sich nur verschoben.

II. Woher kommt es, dass manche Menschen sich so schlecht entscheiden können? An sich ist die Sache doch ganz einfach: Man wägt vor- und Nachteile gegeneinander ab und trifft dann eine Entscheidung. Beim Einkauf im Supermarkt klappt das ja auch meistens, dort muss man innerhalb kurzer Zeit ein Dutzend Mal auswählen. Aber vor wichtigen Entscheidungen scheut man zurück und findet zu keiner Klarheit. Das Problem liegt in einer disharmonischen, gestörten inneren Balance der Person. Nur wo ein ausgewogenes Gleichgewicht von Körper, Seele und Geist existiert, gibt es auch ein solides Vertrauen in die eigene Intuition.

Dieses Vertrauen wiederzufinden oder überhaupt zu finden, ist der Schlüssel zu einer souveränen Entscheidungskompetenz.

Entscheidungsunsicherheit ist in den meisten Fällen schlicht ein Erziehungsproblem. Eltern, die immer gesagt haben: „Wir wissen am besten, was für dich richtig ist" und die eigenen Entscheidungen durch ihre „noch besseren" ersetzten, haben den idealen Nährboden für spätere Entscheidungsunsicherheit geschaffen. Die Folgen sind: Man misstraut der eigenen Urteilskraft, lässt sich durch die Entscheidungen anderer verunsichern, handelt gegen die eigene Überzeugung und zweifelt womöglich eben gefällte Entscheidungen sofort wieder an. Nicht selten setzt sich diese anerzogene Unmündigkeit in Partnerschaften fort. Entscheidungsfreudige, willensstarke Erwachsene suchen sich nicht selten Partner aus, die genau gegenteilig veranlagt sind.

Wichtig ist es zu erkennen, dass man selbst die volle Verantwortung für sein eigenes Leben hat und dass diese von niemandem übernommen werden kann. In den Lehrreden Buddhas gibt es eine Geschichte über das Problem der richtigen Entscheidung: „Einst kamen Leute aus dem Volk der Kalamer zum Buddha und sagten, sie wüssten nicht mehr, was sie glauben sollten. Es gebe so viele Priester und Asketen, die alle etwas anderes lehrten, dabei nur ihre eigene Auffassung gelten ließen und andere Auffassungen schlecht machten. Sie wüssten überhaupt nicht mehr, wer denn nun die Wahrheit lehre. Der Buddha riet ihnen: Übernehmt nicht einfach irgendwelche Überlieferungen oder Ansichten; übernehmt auch nicht irgendetwas, weil es bei euch so Brauch ist oder aus Verehrung für eure geistigen Lehrer. Ahmt auch nicht andere nach und geht nicht nach dem Schein der Wirklichkeit oder nach irgendwelchen oberflächlichen Erwägungen. Stützt euch auch nicht auf irgendwelche Einfälle und Mutmaßungen. Aber die Eigenschaften, die ihr selber als falsch und unheilsam erkennt, die die Weisen nicht gutheißen, die zum Leiden führen, die solltet ihr aufgeben." (Anguttara-Nikaya 3:65)

III. Die Lebensgeschichte entscheidungsunsicherer Menschen ist nicht selten dadurch charakterisiert, dass sie Zeit ihres Lebens versucht haben, das zu tun, was andere von ihnen erwarten. Sie haben aber in nur sehr geringem Maße das gelebt, was in ihnen angelegt ist. Gehen Sie deshalb Menschen, die zu Bevormundungen neigen, lieber aus dem Weg, solange Sie in Ihren Urteilen und Meinungen noch sehr unsicher sind. Suchen Sie stattdessen die Gesellschaft von Menschen, die Ihnen zuhören, die auch Ihre Meinung hören wollen und Sie respektieren. Die Wahl einer rücksichtsvollen sozialen Umgebung kann bereits sehr förderlich sein.

Wenn eine Entscheidung bevorsteht, sollte das Ziel sein, alle relevanten Informationen zu sammeln, auszuwerten und anschließend die im Rahmen der eigenen Möglichkeiten beste Wahl zu treffen. Ist man in dieser Weise vorgegangen, gibt es gar nicht mehr so viele Handlungsmöglichkeiten. Nur sollte man dann die Entscheidung auch treffen und sich nicht in Ablenkungen wie surfen im Internet, fernsehen oder lesen von Zeitschriften flüchten.

Auf einer tieferen Ebene muss bei entscheidungsunsicheren Menschen das Vertrauen in die eigene Intuition, in die „innere Stimme" hergestellt beziehungsweise wieder hergestellt werden. Die Lebensführung muss aus unserem Inneren kommen, nur dann entspricht sie uns ganz. Diesen „Innenraum" können wir uns durch nichts anderes besser als durch Meditation erschließen. Um die innere Stimme hören zu können, muss es um uns herum möglichst still sein. Die lautlose Stimme des einen, ungeteilten Seins wird nicht nur vom Lärm unserer Zivilisation, sondern auch vom Lärm unserer Gedanken überdeckt. Nur in der Stille erhebt sich diese Stimme, wird wahrnehmbar, hörbar.

IV. Menschen, die Schwierigkeiten mit Entscheidungen haben, sollten

- lernen, wieder auf ihre innere Stimme zu hören, indem sie stille Meditation betreiben.

… auf ihre ersten Impulse achten, wenn eine Entscheidung ansteht. Oft weist der erste, intuitiv aufsteigende Gedanke den richtigen Weg.

… sich darauf konzentrieren, ein gewisses Maß an Unabhängigkeit zu erlangen, anstatt sich an stärkere Menschen anzulehnen und sich auf sie zu verlassen. Aber: völlige Unabhängigkeit ist auch eine Utopie, denn wir brauchen andere Menschen und sie brauchen uns. Wir leben in ständiger Interaktion mit unserer Umgebung. Niemand ist eine Insel.

V. Übung:

Halten Sie sich an die Anweisungen zur Selbsthypnose in der Einleitung. Beruhigen Sie einige Minuten lang in entspannter Körperlage Ihre Atmung. Achten Sie dabei vor allem auf eine lange und langsame Ausatmung. Wenn Sie die tiefe Trance erreicht haben, sagen Sie innerlich laut:

„Meine innere Stimme wird mich leiten."

Wiederholen Sie diesen Satz im Abstand von etwa einer Minute vier- bis fünfmal und kommen Sie dann aus der Entspannung zurück. Die ganze Übung dauert etwa 10 Minuten. Sie sollte nach Möglichkeit mehrmals in der Woche wiederholt werden, damit die Selbstprogrammierung nachhaltig wirksam werden kann.

4.

Ordnung und Sauberkeit

I. Fast alle Menschen werden hin und wieder von dem heftigen Wunsch befallen, in ihrer nächsten Umgebung, in Wohnung, Haus und Garten, für Ordnung und Sauberkeit zu sorgen. Der Grad an Ordnung und Sauberkeit, den jemand für angemessen hält, ist von Person zu Person sehr unterschiedlich. Den einen stören Unordnung und Chaos weniger, den anderen mehr, das ist eine Frage des Charakters und der Erziehung. Ordnung und Sauberkeit in unserer nächsten Umgebung haben einen nicht zu unterschätzenden positiven Effekt auf unser Befinden. Wir zeigen, dass wir unsere Angelegenheiten im Griff haben, dass wir Prioritäten setzen können und dass wir uns auch um kleinere, scheinbar nebensächliche Dinge kümmern.

Wenn wir uns aber zu sehr auf Reinhaltung und Ordnung fixieren, laufen wir Gefahr, eine Art „Tunnelblick" zu entwickeln, d. h. wir nehmen kaum noch etwas anderes wahr als Schmutz, Staub und Unordnung. Bald stört dann nicht mehr nur die Unreinheit der eigenen Wohnung, sondern auch die verbeulten Briefkästen im Hausflur, der Dreck auf der Straße, auf den Sitzen im Bus und der unaufgeräumte Schreibtisch des Arbeitskollegen. Wo man auch hinsieht spürt man den Impuls aufzuräumen, Ordnung zu schaffen, zu sortieren, zu fegen, und zu putzen. Die Umgebung, ja die ganze Welt wird zu einem Kampfplatz gegen Schmutz und

Unordnung. Auch der eigene Körper und die Psyche werden irgendwann vorrangig im Hinblick auf Reinheit, Ordnung und Perfektion betrachtet und behandelt. Man will um jeden Preis makellos sein. Schon ein harmloser Pickel, ein Fleck auf der Kleidung oder etwas Schmutz an der Schuhsohle können zu seelischem Unbehagen und tiefer Verunsicherung führen. Geringfügige Anlässe führen zu heftigen und intensiven Reaktionen. In extremen Fällen entwickelt sich mit der Zeit aus einem zunächst relativ harmlosen „Putzfimmel" eine behandlungsbedürftige Zwangserkrankung.

Neben Verunsicherung und Verwirrung, die sich unmittelbar einstellen, wenn etwas den persönlichen Reinlichkeitsvorstellungen nicht entspricht, kommt bei auf Ordnung und Sauberkeit fixierten Menschen häufig noch Angst hinzu. Diese kann von sehr unterschiedlichen Dingen ausgelöst werden: Da ist die Furcht vor stechenden und beißenden Insekten, vor Bakterien, Elektrosmog, schimmligem Brot, verdorbenem Fleisch und herumschwirrenden Krankheitskeimen. Auch wenn all diese Gefahren tatsächlich vorhanden sind, so werden sie als übergroß wahrgenommen und es werden permanent Maßnahmen ergriffen, um den vermeintlichen Bedrohungen zu begegnen. Das kann zu einer inflationären Ausweitung von allerlei Vorsichtsmaßnahmen und einem ausgepragten Vermeidungsverhalten führen. Auch wenn gerade keine akuten Infektionsgefahren durch die Presse gemeldet werden, sucht der Betreffende aktiv danach und wird in der Regel auch fündig, denn überall lauern Ansteckung, Siechtum und Tod.

Ein großes Problem kann für auf Ordnung und Sauberkeit fixierte Menschen auch die Sexualität darstellen. Das hängt einerseits damit zusammen, dass sich die Geschlechtsorgane in der Nähe „schmutziger" Körperöffnungen befinden, andererseits kann auch die Sexualität selber als schmutzig und unrein empfunden werden. Hier spielen nicht selten, besonders bei älteren Menschen, moralische und religiöse Vorstellungen eine wesentliche Rolle. Sexualität wird als „sündhafter" Akt erlebt, der das Gefühl hinterlässt, „befleckt" zu sein. Ausgedehnte Körperreinigungen im Badezimmer folgen dann dem Liebesakt, um Körper und Geist wieder rein zu waschen. Auch Probleme mit dem Partner sind vorprogrammiert, ist er es doch, der die vermeintliche Beschmutzung verursacht hat.

II. Das Grundproblem von Menschen, die zu sehr auf Ordnung und Sauberkeit achten, ist der fehlende Sinn für übergeordnete Zusammenhänge. Sie sind verliebt ins Detail, ja oft geradezu Detailversessen und merken dabei nicht, dass man auf diesem Wege nie zu einem Ende kommen kann. Es ist unmöglich, „alles" zu ordnen, sich gegen jeden Virus zu schützen, immer „vollkommen" sauber zu sein oder die eigene Wohnung „absolut" staubfrei zu halten. Körper, Geist und Umwelt befinden sich bei Sauberkeits- und Ordnungsfanatikern nicht in Einklang.

Japanische Zen-Klöster zählen sicher zu den ordentlichsten und saubersten Plätzen auf dieser Erde. In Japan sagt man sprichwörtlich: „sauber wie ein Zen-Kloster!", wenn man einen sehr rein gehaltenen Ort loben will. Die Sauberkeit der Klostergebäude und der gesamten Anlage entspricht dem 4. Prinzip der „Acht Satori des großen Menschen": Shojin – die permanente Anstrengung. Shojin ist die gleichmäßige, Tag für Tag fortgesetzte Anstrengung. Shojin hat nichts Zwanghaftes. Die Mönche widmen sich einen ganz bestimmten, genau festgelegten Teil des Tages der Reinhaltung und Ordnung. In einigen Zen-Klöstern gibt es noch eine andere, recht seltsame Übung, die „den Wald fegen" heißt. Die Mönche ziehen mit Reisigbesen in den Händen in einen nahe gelegenen Wald und fegen den Waldboden. Einige Stunden bewegen sie, konzentriert und emsig, Laub von hier nach dort und von dort nach hier. Ein paar Windböen genügen und von der ganzen Arbeit ist nichts mehr zu sehen. Die Übung dient dazu, sich der Sinnlosigkeit aller menschlichen Bemühungen und des Lebens überhaupt bewusst zu werden.

III. Der Weg zu einer nachhaltigen Verhaltensänderung ist mühsam und erfordert Geduld. Die Natur und unser Leben richten sich nicht nach menschlichen Vorstellungen von Sauberkeit und

Ordnung. Überall finden wir Aufbau und Verfall, Wachstum und Verwesung. Sowohl uns selbst als auch die materielle und soziale Wirklichkeit muss man als eine Art „ewige Baustelle" erkennen. Nichts ist von ewiger Dauer, nichts ist so vollkommen, dass es dem Gesetz der Vergänglichkeit nicht unterworfen wäre. Jedes jugendlich schöne Gesicht wird einmal Falten bekommen, auch an der saubersten Fassade wird einmal die Farbe abblättern. Die Natur als Ganzes wie auch die Gesellschaft, in der wir leben, durchlaufen immer wieder Ordnungs- und Reinigungsprozesse. Auch mit und in uns vollziehen sich diese Umgestaltungen, denen wir uns nicht widersetzen sollten. Man muss lernen, die Dinge aus der richtigen, übergeordneten Perspektive zu betrachten und darf sich nicht mehr von Einzelheiten aus der Fassung bringen lassen. Die einseitige Fixierung auf Ordnung und Sauberkeit engt den Lauf des Lebens stark ein, da sie die Tendenz hat, alle Lebensbereiche zu dominieren. Das Leben von Menschen, die viel erlebt, die viel riskiert und manchmal auch viel verloren haben, deren Lebensweg nicht geordnet und gradlinig verlaufen ist, ist durchsetzt von Unordnung, chaotischen Zeiten und gefährlichen Situationen. Aber genau das hat ihr Leben bereichert, hat es spannend und lebenswert gemacht.

Eine bewährte buddhistische Übung besteht darin, die Welt zunächst als unrein zu betrachten: der menschliche Geist ist unrein – er ist voller Gier, Gelüsten und Verschlagenheit; der menschliche Körper ist unrein – er ein Sack aus Blut, Schleim, Kot und Urin; Sex ist unrein – er ist triebhaft und wird von Ächzen und Stöhnen begleitet; ein Wald ist unrein – er ist voller Exkremente von Tieren, voller Schmutz, Zecken und anderem Ungeziefer. Die ganze Welt: schmutzig, chaotisch, ein Saustall!

Dann wird die Blickrichtung umgekehrt und man wird aufgefordert, das ganze Universum als rein anzusehen: Wohin man auch blickt, es gibt nichts, was unrein wäre. Eine gebärende Frau – wie wunderbar, ein neues Leben kommt auf die Welt; Essen ist rein – es gibt mir Kraft, riecht wunderbar und ist mit Liebe zubereitet worden; ein Wald – ein Ort voller Schönheit, Stille und Harmonie; Sex ist rein – Yin und Yang vereinigen sich, Liebe, Lust, Verschmelzung! Wo gibt es Unreinheit? Nirgendwo.

Nun muss der Übende zur dritten Erkenntnis kommen, dass nämlich beide Standpunkte nur Ansichten darstellen. Gut und Böse, Rein und Unrein bestehen nur in unserer einseitigen Sicht. Im Zen heißt es, dass man sich nicht auf Kategorien wie Rein und Unrein einlassen soll. Gelingt einem dies, werden alle Dinge, Anschauungen und Meinungen wie Schneeflocken auf einem glühenden Ofen verdampfen.

IV. Wer Probleme mit Ordnung und Sauberkeit hat, sollte

- bewusst chaotische Orte aufsuchen und sich dort längere Zeit aufhalten. Ein Schrottplatz oder eine Industriebrache sind gut geeignet. Man sollte dort aber auf keinen Fall ordnend tätig werden. Es geht darum, Unordnung und Unsauberkeit einfach auszuhalten.

- sich nackt vor den Spiegel stellen und genau seinen eigenen Körper betrachten. Kann ich meinen Körper akzeptieren, wie er ist oder schäme ich mich für ihn? Kann ich mit den Unvollkommenheiten meines Körpers und meines Gesichts leben?

- seinen eigenen Reinigungs- und Ordnungsplan aufstellen, in dem er genau festlegt, wann was in Ordnung gebracht oder gereinigt werden muss, also: Toilette reinigen: jeden x-ten Tag, staubsaugen: x-mal in der Woche, duschen: an den und den Tagen etc. Der Plan soll dazu dienen, den Reinigungsimpulsen ein Struktur zu geben und nicht mehr zu tun, als man sich vorgenommen hat.

- sich therapeutische Hilfe suchen, wenn er erkennt, dass er aus eigener Kraft nicht weiterkommt.

V. Übung:
Halten Sie sich an die Anweisungen zur Selbsthypnose in der Einleitung. Beruhigen Sie einige Minuten lang in entspannter Körperlage Ihre Atmung. Achten Sie dabei vor allem auf eine lange und

langsame Ausatmung. Wenn Sie die tiefe Trance erreicht haben, sagen Sie innerlich laut:

„Ich vertraue der kosmischen Ordnung.“

Wiederholen Sie diesen Satz im Abstand von etwa einer Minute vier- bis fünfmal und kommen Sie dann aus der Entspannung zurück. Die ganze Übung dauert etwa 10 Minuten. Sie sollte nach Möglichkeit mehrmals in der Woche wiederholt werden, damit die Selbstprogrammierung nachhaltig wirksam werden kann.

5.

In Erinnerungen leben

I. Es gehört zur menschlichen Natur, hin und wieder an Vergangenes zurückzudenken. Gedanken an Tage der Kindheit, an die erste Liebe, die Zeit mit den Großeltern oder erlebnisreiche Urlaubsreisen können sentimentale Gefühle in uns auslösen. Es können aber auch Erinnerungen an schmerzhafte Zeiten sein, die uns immer wieder beschäftigen und nicht loslassen. Uns an lange Zurückliegendes erinnern zu können, ist eine wundervolle Gabe, das sollten wir nicht vergessen. Kein anderes Lebewesen hat diese Fähigkeit, sie ist allein dem Menschen vorbehalten. Bedenklich wird es aber, wenn sich diese menschliche Fähigkeit verselbständigt, wenn die Sehnsucht nach Vergangenem und das Bedauern über Vergangenes übermächtig werden und das Leben in der Gegenwart überlagern.

Der Körper existiert immer in der Gegenwart, aber der Geist kann in die Vergangenheit reisen. Richtet er sich dort dauerhaft ein, entsteht ein disharmonischer Zustand: Körper und Geist stimmen nicht überein, bilden keine Einheit, sondern neigen dazu, nebeneinander her, quasi autonom, zu funktionieren. Das konkrete Leben, das nur in der Gegenwart gelebt und erlebt werden kann, wird zu etwas Nebensächlichem, zum ungeliebten Exil. Das wirklich lebenswerte Leben hat einmal vor langer Zeit existiert, aber das gibt es heute nicht mehr. Ein wichtiges Element dieses

Umgangs mit Erinnerungen ist die Idealisierung des Vergangenen. Das einmal Gewesene und niemals Wiederkehrende erscheint als besser, wahrer, schöner als das Gegenwärtige. Die Menschen, die man damals kannte, waren authentischer als die heute lebenden, die Bäche klarer, die Luft reiner, die Arbeit war sicher, ein Brot kostete einige Pfennige, die Zeit schritt langsamer voran, alles war weniger kompliziert und die Leute haben sich mehr umeinander gekümmert. War es wirklich so? Hat sich unsere Gesellschaft immer nur in die falsche Richtung entwickelt? Hat sich nichts gebessert und folgerichtig weiterentwickelt? Noch vor wenigen Jahrzehnten war in Deutschland männliche Homosexualität bei Strafe verboten, durften Frauen ohne Erlaubnis des Mannes kein eigenes Bankkonto besitzen, wurden Kinder zuhause und in den Schulen geschlagen, waren unehelich geborene Kinder eine Schande für die Mutter, bekamen nicht-verheiratete Paare kein Hotelzimmer. Die Liste ließe sich ohne große Mühen erweitern. Wer dazu neigt, an der Vergangenheit zu kleben, sollte sich einmal zurücklehnen und sich ganz bewusst in Erinnerung rufen, was damals, in seinem eigenen Leben, eben nicht besser war als heute.

II. Die menschliche Sehnsucht nach Erlebnissen und Erfolgen ist Bestandteil eines aktiv gelebten Lebens. Sie verkümmert jedoch, wenn sie an der Vergangenheit hängen bleibt oder vor Wagnissen zurückschreckt, die eingegangen werden müssen, um Ziele zu erreichen. Wer zu sehr am Vergangenen hängt, verweigert sich unbewusst seiner persönlichen Weiterentwicklung, stoppt die Dynamik, die jedem gesunden Leben zu Eigen ist. Die Verbindung zwischen dem Gewesenen und dem jetzigen Zustand ist unterbrochen. Einige fliehen aus der Gegenwart in eine vermeintlich heile Welt, um mit den Härten und Notwendigkeiten des gegenwärtigen Lebens nicht konfrontiert sein zu müssen. Andere bedauern beharrlich verpasste Chancen oder ein weitgehend ungelebtes Leben. Manche neigen dazu, nach dem Verlust eines geliebten Menschen alle Hoffnungen fahren und den Lebensmut sinken zu lassen, weil sie über den Verlust nicht hinwegkommen.

Es gibt Fälle, in denen man ausgeprägter Vergangenheits-sehnsucht gegenüber eine gewisse Milde walten lassen sollte. Sehr alte Menschen ziehen sich oft in die vermeintlich seligen Gefilde ihrer Kindheits- und Jugendtage zurück. Es gehört ganz wesentlich zum Prozess des Alterns dazu, zurück zu blicken und Bilanz zu ziehen. Ebenso geht es Menschen, die in einer schwierigen oder gar aussichtslosen Lage sind. Schwere Krankheiten, die lange ans Bett fesseln, politisch bedingtes Exil oder eine Haftstrafe können zu einer Flucht in die Erinnerung führen. In solchen Situationen gibt es, da die Gegenwart trist ist und neue Erfahrungen ausbleiben, auch kaum Möglichkeiten zur Weiterentwicklung.

III. Wer sich aus der übersteigerten Sehnsucht nach Vergangenem befreien will, muss Brücken in die Gegenwart bauen. Hilfreich ist es etwa, wenn man Episoden aus Kindheit und Jugend niederschreibt. Die nur vage im Kopf umhertreibenden Erinnerungen werden dabei in Worte übertragen und somit fixiert. Es ist dabei nicht wichtig, ob sie in poetischen oder in eher nüchternen Worten aufgeschrieben werden, es kommt vielmehr darauf an, seinen Erinnerungen eine konkrete Gestalt zu geben. Indem man das Erlebte wieder lebendig werden lässt, bricht man die Macht, die es sonst unbewusst auf einen ausübt.

Buddhas Lehre vom „Nicht-Selbst" führt zur ursprünglichen Übereinstimmung mit der Wirklichkeit zurück. Diese Lehre besagt, dass alles, was existiert, „nicht ein Selbst" oder anders ausgedrückt, „leer von einem Selbst" ist. Es gibt daher kein Innen und kein Außen, keine Vergangenheit und keine Zukunft, sondern allein das zeitlose Jetzt. Der chinesische Zen-Meister Hui Hai empfiehlt: „Denke nicht an die Vergangenheit, denn sie ist vorüber. So wird die Vergangenheit abgeschnitten, und man ist frei davon. Die Zukunft ist noch nicht eingetroffen. Richte also deine Erwartungen und Hoffnungen nicht darauf. Die Gegenwart ist im Hier und Jetzt zu finden. Achte nur darauf, frei von Vorstellungen zu sein und den Geist von Zuneigung und Abneigung leer zu halten."

Die Gegenwart, das Hier und Jetzt, ist ebenso wenig fassbar wie Vergangenheit und Zukunft. Wir leben zwar immer nur im gegenwärtigen Augenblick, können ihn aber weder ergreifen noch festhalten. Nur wer dieses Bewusstsein erreicht, erkennt, dass Vergangenheit, Zukunft und Gegenwart leer sind. Ist dieses tief verstanden, dann gibt es keine nostalgischen Träume und Sehnsüchte mehr.

IV. Menschen, die zu stark in Erinnerungen schwelgen, sollten

- sich Achtsamkeitsübungen widmen. Die Gehmeditation, bei der man sehr langsam geht und alles wahrzunehmen versucht, was einem begegnet, ist gut geeignet.

- Verantwortung übernehmen: Tiere halten, sich um Jugendliche oder Kinder kümmern. Jugendliche, Kinder und Tiere ziehen die Aufmerksamkeit in die unmittelbare Gegenwart.

- Erinnerungen niederschreiben und dabei darauf achten, nicht nur die angenehmen und guten Seiten der Vergangenheit zu schildern.

- die Fiktion von Zukunft und Vergangenheit erkennen: Es gibt keine Zeit.

V. Übung:

Halten Sie sich an die Anweisungen zur Selbsthypnose in der Einleitung. Beruhigen Sie einige Minuten lang in entspannter Körperlage Ihre Atmung. Achten Sie dabei vor allem auf eine lange und langsame Ausatmung. Wenn Sie die tiefe Trance erreicht haben, sagen Sie innerlich laut:

„Ich lebe im gegenwärtigen Augenblick!"

Wiederholen Sie diesen Satz im Abstand von etwa einer Minute vier- bis fünfmal und kommen Sie dann aus der Entspannung zurück. Die ganze Übung dauert etwa 10 Minuten. Sie sollte nach Möglichkeit mehrmals in der Woche wiederholt werden, damit die Selbstprogrammierung nachhaltig wirksam werden kann.

6.

Immer wieder die gleichen Fehler machen

I. Manchmal scheint es wie verhext zu sein – eigentlich kannte man den Fehler schon, aber wieder hat man ihn gemacht. Da sind die verlegten Schlüssel, die liegen gelassenen Schirme, verpassten Züge, vergessenen Eintrittskarten, um nur einiges zu nennen. Immer wieder scheitert man an den Tücken des Alltags. Normalerweise wird man durch Erfahrung klüger, so sagt man, aber in einigen Fällen eben nicht. Wie kommt das?

Menschen, die immer wieder die gleichen Fehler begehen, sind oft auf ein einziges Gebiet oder Fachgebiet fixiert. In diesem Segment können sie durchaus Beeindruckendes wissen und leisten. Was aber außerhalb dessen liegt, das interessiert sie nicht und wird dementsprechend völlig vernachlässigt. Es ist diese Einseitigkeit, die zu Fehlern im Alltagsleben führt. Bei gewöhnlichen, alltäglichen Verrichtungen kann Nachlässigkeit ärgerlich sein. Weniger harmlos wird es allerdings, wenn auf Gebieten wie Ehe, Familie und Beruf Strategien verfolgt werden, die sich bereits als ungünstig erwiesen haben. Es ist quälend, sich immer wieder in Partner zu verlieben, die fest gebunden sind. Es kann gravierende Folgen haben, immer wieder Arbeitsverhältnisse einzugehen, von denen man weiß, dass sie einem Rückenschmerzen, Stress und schlaflose Nächte bereiten.

Nicht wenige, die zu wiederholten Fehlern neigen, sind auf einer ständigen Flucht nach vorn und vor sich selbst. Unbewusst weigern sie sich, aus Erfahrungen zu lernen und sich tatsächlich mit ihrem Leben und ihrer Vergangenheit auseinander zu setzen. Die Welt tritt uns mit einer Vielzahl von Eindrücken, Mitteilungen und Informationen entgegen, die wir bewusst erleben und zu unserer Entwicklung nutzen sollten. Wer aber aus Erfahrungen nicht lernt und sich mit seiner Vergangenheit nicht beschäftigt, der muss ohne einen haltgebenden Erfahrungsschatz auskommen und steht bei jeder neuen Entscheidung wieder orientierungslos und mit leeren Händen da. Wer seine Eindrücke nicht aktiv verarbeitet und sie in seinem Gedächtnis speichert, der wird seine Fehler wiederholen.

Es gibt noch ein weiteres Defizit, das bei Menschen, die zu wiederholten Fehlern neigen, häufig zu finden ist: Sie lernen nicht aus den Fehlern, die andere machen. Wer aus den Fehlern anderer nichts lernt, nutzt eine wertvolle Erkenntnismöglichkeit nicht aus. Wer beobachtet, dass jemand eine negative Erfahrung macht, sollte daraus lernen, es selbst in ähnlicher Situation besser zu machen.

II. Grundlegend besteht hier das Problem, dass Vorgänge in der inneren, psychischen Welt mit der materiellen Wirklichkeit nicht adäquat in Übereinstimmung gebracht werden. Menschen, die ihre unbewältigten Probleme, ungelernten Lektionen und täglichen Fehler ignorieren, schaffen sie damit nicht aus der Welt. Sie sorgen vielmehr dafür, dass sie ihren Einfluss stetig behalten und den Fortgang des Lebens blockieren. Sie werden immer wieder über sie stolpern und irgendwann das Gefühl haben, seit Jahren nicht wirklich weitergekommen zu sein.

Bei den Betroffenen vollziehen sich die Prozesse im Inneren schnell und überhastet. Sie neigen dazu, den zweiten Schritt vor dem ersten tun zu wollen, wobei dann natürlich weder der zweite noch der erste Schritt wirklich gut gelingt. Die Erfahrung des ersten Schrittes muss aber nicht nur gemacht, sondern auch wirklich verarbeitet werden. Nur auf diesem – manchmal durchaus langsamen und mühevollen Weg, lernt man aus Erfahrungen, seien sie nun erfreulich oder unerfreulich. Darüber hinaus ist es möglich zu einer tieferen Einsicht in die eigenen Verhaltensmechanismen zu kommen, auf der man in Zukunft aufbauen kann.

III. Zunächst müssen die Betroffenen lernen, ihre allgemeine Aufmerksamkeit sowie die Anteilnahme am gegenwärtigen Geschehen zu steigern. Erhöhte Achtsamkeit fördert die Entwicklung der gesamten Persönlichkeit und eine bessere Lern- und Konzentrationsfähigkeit hilft den Betreffenden, aus ihren Erfahrungen zu lernen.

Wo andere das Problem haben, wichtig und unwichtig nicht unterscheiden zu können, so haben Personen, die zu wiederholten Fehlern neigen, das eher gegenteilige Problem. Sie trennen sehr schnell und sehr deutlich zwischen wichtig und unwichtig und neigen dazu, dann nur das vermeintlich wichtige zu tun und alles andere zu vernachlässigen. Letztlich ist es aber doch nicht so gleichgültig, ob man mit richtig oder falsch zugeknöpfter Jacke draußen unterwegs ist, ob die Haare gepflegt oder ungekämmt und das Gesicht rasiert oder unrasiert ist. Die Betreffenden müssen ihre einseitige Fixierung überwinden, denn sie ist ein wesentlicher Teil des Problems.

In jedem Falle gilt es, sich auf ein Leben im Gegenwärtigen auszurichten. Blind in die Zukunft zu stürmen ist im Sinne des Zen eine völlig unangemessene Strategie, weil es nur die Gegenwart ist, in der wir handeln können. Die Gegenwart fußt auf dem Vergangenen und man kann nicht vor dem Vergangenen weglaufen, denn das Vergangene reicht unmittelbar in die Gegenwart hinein. Alles Gegenwärtige ist in der Vergangenheit erschaffen worden und alles Zukünftige wird in der Gegenwart erschaffen.

IV. Wer das Problem kennt, fehlerhaftes Verhalten zu wiederholen, der sollte

- Aufmerksamkeit und Beobachtung bewusst trainieren. Er könnte Gehmeditation üben oder Gedichte auswendig lernen.

- sich seine unerwünschten Reaktionsmuster bewusst machen und versuchen, sie zu überwinden.

- üben, Dinge zu Ende zu bringen. Romane etwa, sollten nicht nur halb gelesen, Briefe umgehend beantwortet und Reparaturen nicht aufgeschoben werden. Der japanische Zen-Meister Sokei-an Roshi schrieb einmal: „Wenn ihr über etwas nachdenkt, müsst ihr zum Ende des Denkens kommen. Solange ihr noch etwas denken könnt, seid ihr nicht am wahren Ende."

V. Übung:

Halten Sie sich an die Anweisungen zur Selbsthypnose in der Einleitung. Beruhigen Sie einige Minuten lang in entspannter Körperlage Ihre Atmung. Achten Sie dabei vor allem auf eine lange und langsame Ausatmung. Wenn Sie die tiefe Trance erreicht haben, sagen Sie innerlich laut:

„Ich lerne aus meinen Erfahrungen."

Wiederholen Sie diesen Satz im Abstand von etwa einer Minute vier- bis fünfmal und kommen Sie dann aus der Entspannung zurück. Die ganze Übung dauert etwa 10 Minuten. Sie sollte nach Möglichkeit mehrmals in der Woche wiederholt werden, damit die Selbstprogrammierung nachhaltig wirksam werden kann.

7.

Neigung zu Tagträumen

I. Menschen, die zu Tagträumen neigen, verfügen oft über eine ungewöhnlich starke Vorstellungskraft. Lebhafte Fantasie und Ideenreichtum sind zunächst einmal positive, wünschenswerte Eigenschaften. Nicht in jedem Falle besteht also Grund zur Sorge, wenn Menschen zu Tagträumen neigen. Viele große Denker, Schriftsteller und Maler waren in ihren jungen Jahren Tagträumer und die bedeutendsten Werke unserer Kultur wären nicht geschaffen worden, wenn es nicht Menschen gegeben hätte, die über ein ungewöhnliches Maß an Fantasie verfügt haben. Der Dichter E.T.A. Hoffmann etwa nutzte seine Tagträume bewusst als Inspiration seiner Werke. Der amerikanische Schriftsteller Edgar Allan Poe schrieb: „Sie, die bei Tage träumen, haben Kenntnis von manchen Dingen, welche denen entgehen, die nur bei Nacht zu träumen pflegen." Der Philosoph Ernst Bloch sah im Tagtraum einen „Vor-Schein von möglich Wirklichem." Auch für den französischen Philosophen und Schriftsteller Michel den Montaigne spielte das frei Fantasieren eine große Rolle. Er nannte es „schweifendes Träumen."

In ihren Jugendjahren haben Tagträumer ihren Eltern, wenn diese an die Zukunft ihres Nachwuchses dachten, oft große Sorgen bereitet, denn sie erschienen ihnen zu fern der Lebenswirklichkeit und untauglich für die Härten des Daseins. Bei einem Kind oder Jugendlichen ist noch nicht entschieden, ob sich dessen reiches und sensibles Innenleben später als fruchtbar und konstruktiv erweisen wird oder ob es eher dazu dient, der Realität zu entfliehen. Der springende Punkt bei der Neigung zu Tagträumereien ist der: Kann der Betreffende sein reichhaltiges Innenleben in eine reale, materielle Form überführen oder nicht? Wenn er es nicht kann, besteht tatsächlich Grund zur Sorge, denn dann droht ihm der Realitätsbezug verloren zu gehen, fehlt ihm die „Reibung" mit der Wirklichkeit, die überschießende Fantasien schnell korrigieren würde. Tagträumer dieses Typs fühlen sich in der Realität nicht recht zu Hause, sie sind Wanderer zwischen den Welten und leben mehr in ihren Fantasien als in der aktuellen Gegenwart. Anderen erscheinen sie häufig als „nicht ganz da" und oft auch als müde, zerstreut und leicht desorientiert. Die Wirklichkeit scheint für sie nicht sonderlich attraktiv zu sein, nicht ein Ort der Selbstverwirklichung, sondern notweniges Übel. Konkreten Herausforderungen begegnen sie nicht mit gezielten Gegenmaßnahmen. Eine drohende Kündigung etwa löst bei ihnen unrealistische Vorstellungen von einer wesentlich besseren, ja sogar idealen Arbeitstelle aus. Bei einer persönlichen Zurückweisung fordern sie keine sofortige Richtigstellung ein; Stattdessen geben sie sich ausgiebigen Rachefantasien hin.

Nicht unbedenklich für intensive Tagträumer ist die Teilnahme am Straßenverkehr, weil sie sich nur begrenzt und auch nur für kurze Zeit auf etwas konzentrieren können, was außerhalb ihrer selbst liegt. Das führt leicht zu Unfällen. Als Gesprächspartner können Tagträumer schwierig sein wenn sie dazu neigen, gar nicht richtig zuzuhören. Während man zu ihnen spricht, sind sie mit ihren Gedanken bereits ganz woanders. Überhaupt ist ein Interesse für das, was um sie herum passiert, nicht wirklich vorhanden. Schlechte wie gute Nachrichten, seinen sie privat oder politisch, werden mit gleicher Indifferenz aufgenommen.

II. Bei Tagträumern ist die Verbindung zwischen Realität und Vorstellung zu schwach entwickelt oder weitgehend verloren gegangen. Das reale Leben wird als langweilig und öde, eigentlich sogar als bedrückend wahrgenommen, während die Fantasiewelten hingegen interessant, lebendig und lustvoll sind. Die Schriftstellerin Nelly Sachs schreibt ganz treffend: „Wer im Dunkeln sitzt, zündet sich einen Traum an." Je mehr Zeit aber in Träumereien investiert wird, desto weniger bleibt für die Beschäftigung mit den Anforderungen des Lebens. Beruf und Arbeit, überhaupt die Aufgabe Geld zu verdienen und damit umzugehen können schnell zu einem Problem werden. Ganz ähnlich ist es auch mit Wohnen, Partnerschaft und gesellschaftlichen Verpflichtungen.

Fantasien und Zukunftsträume können, wenn sie der Wirklichkeitsflucht dienen, zur großen Schwäche eines Menschen, zu einer Art Rauschmittel werden. Tatsächlich üben Alkohol, Schlaf und Drogen eine große Anziehungskraft auf sie aus. Sie haben häufig auch eine gewisse Affinität zum Tod, der ihnen weniger als Schrecken, sondern als Übergang in eine andere Welt erscheint. Verarmt das reale Leben immer mehr, geht irgendwann der Sinn für Hygiene, Ordnung und zwischenmenschliche Beziehungen verloren. Wenn der Betreffende erst einmal zu einem Sonderling geworden ist, der seine grundlegenden Lebensaufgaben nicht mehr bewältigen kann, dann wenden sich auch Freunde und alte Bekannte von ihm ab. Einsamkeit ist die Folge, der wiederum nicht mit Selbsteinsicht und einer spürbaren Verhaltensänderung entgegen getreten wird, sondern erneut mit abwegigen Ideen von idealer Freundschaft und Liebe. Spätestens jetzt müsste eigentlich offenbar geworden sein, wie arm den Betreffenden seine Duldsamkeit gemacht hat, wie sehr er auf der Stelle tritt und dass ihn seine Träumereien Stück für Stück ins Abseits geführt haben.

Zwei US-Forscher haben durch umfangreiche Datenerhebungen nachgewiesen, dass Menschen nur die Hälfte ihrer wachen Stunden damit verbringen, sich auf aktuelle Aufgaben zu konzentrieren. Die andere Hälfte verbringen sie mit damit, ihre Gedanken schweifen zu lassen und über Vergangenes, Zukünftiges oder Mögliches zu sinnieren. Neben der überraschenden Häufigkeit, mit der die Teilnehmer der Studie (2250 Erwachsene) ihre Gedanken umherwandern ließen, fiel den Wissenschaftlern auf, dass dieses Tagträumen eindeutig unglücklich macht. Personen, deren Gedanken häufig abschweifen, sind unglücklicher als solche, die sich konzentrieren. Dabei spielt es keine Rolle, dass man sich eher angenehmen Tagträumen hingibt als unangenehmen.

III. Oft verfügen Tagträumer über ein nicht unerhebliches kreatives Potential. Dieses ungenutzte Reservoir sollte nach Möglichkeit ausgeschöpft werden. Dazu ist es notwendig, bestimmte handwerkliche Fertigkeiten zu erlernen, die schöpferisches Gestalten erst möglich machen. Wer Bilder malen will, der muss sich mit der Grundierung von Leinwänden, den Eigenschaften der Farbe, mit Pinseln, Firnissen und Rahmen beschäftigen. Wer töpfern will, muss sich eine Töpferscheibe anschaffen und lernen damit umzugehen. Er muss sich mit den Eigenschaften des Tons und mit der Technik des Brennens beschäftigen. Das alles kann nur durch aktives Handeln getan werden, Ideen und Vorstellungen helfen hier nicht weiter, verschaffen keine Erfahrungen. Man sagt zu Recht: Es genügt nicht, dass man sich befiehlt – man muss sich auch gehorchen.

IV. Menschen, die zu übermäßiger Tagträumerei tendieren, sollten

- Meditation üben, um „innen" und „außen" in Balance zu bringen und den Lebenswillen zu stärken. Wichtig ist, dass sie Meditation nicht nur „denken", sondern mit dem Körper praktizieren.

- die eigene Lebensrealität annehmen und der Auseinandersetzung mit den aktuellen Aufgaben und Problemen nicht aus dem Weg gehen.

- Tätigkeiten ausüben, die Konzentration erfordern wie etwa Gartenarbeit, stricken, kochen oder handwerken.

- sich bewusst Zeit für Tagträumereien nehmen. Es ist besser, seinen Fantasien einen gewissen Raum zu geben, als sie zu bekämpfen. Ein Spaziergang, bügeln oder eine Zugfahrt können genutzt werden, um die Gedanken einfach treiben und auf sich zukommen zu lassen. Aber Vorsicht: Autofahren, arbeiten mit gefährlichen Werkzeugen oder Holzhacken sind ungeeignet!

V. Übung:

Halten Sie sich an die Anweisungen zur Selbsthypnose in der Einleitung. Beruhigen Sie einige Minuten lang in entspannter Körperlage Ihre Atmung. Achten Sie dabei vor allem auf eine lange und langsame Ausatmung. Wenn Sie die tiefe Trance erreicht haben, sagen Sie innerlich laut:

„Ich lasse meinen Ideen auch Taten folgen."

Wiederholen Sie diesen Satz im Abstand von etwa einer Minute vier- bis fünfmal und kommen Sie dann aus der Entspannung zurück. Die ganze Übung dauert etwa 10 Minuten. Sie sollte nach Möglichkeit mehrmals in der Woche wiederholt werden, damit die Selbstprogrammierung nachhaltig wirksam werden kann.

8.
Selbstdisziplin und Perfektionismus

I. Regeln und Gebote sind Wegweiser, die unser Leben und vor allem unser Zusammenleben organisieren helfen. Sie sind nicht vom Himmel gefallen und sie sind kein Selbstzweck. Wenn sich bestimmte Umstände ändern, kann es notwendig und richtig sein, die Regeln den veränderten Realitäten anzupassen. In einem demokratischen Staat sind täglich Tausende von Menschen damit beschäftigt, Regeln, nichts anderes sind ja Gesetze, zu überprüfen und gegebenenfalls zu ändern. Der Staat, also der Gesetzgeber, ist dafür zuständig. So sind zum Beispiel etliche ehemalige, uns heute bizarr anmutende Straftatbestände, wie Homosexualität oder Kuppelei, aus den Gesetzbüchern verschwunden.

Mit unseren persönlichen Lebensregeln verhält es sich genauso: sie müssen mit Bedacht gewählt und mit Flexibilität gehandhabt werden. Wenn man einen Garten nicht ständig pflegt sondern ganz sich selbst überlässt, wuchert bald überall Unkraut. Übertreibt man es mit der Gartenpflege, wirkt der Garten bald nicht mehr lebendig. So sollten wir auch mit unserem Geist umgehen. Wenn wir ihn nicht in gewissem Maße disziplinieren und erziehen, dann werden unsere Gedanken bald ziellos herumwandern und irgendwann werden wir nicht mehr zwischen Gut und Böse, Recht und Unrecht oder zwischen wichtig und unwichtig unterscheiden können. Die Erziehung des Geistes darf aber nicht rigide gehandhabt werden, sondern muss immer elastisch genug sein, um den Wechselfällen des Lebens und unseren sich im Laufe der Jahre verändernden Bedürfnissen gerecht werden zu können. Mit dieser nötigen Flexibilität haben Menschen mit einer zu starken Betonung des Willens ihre Schwierigkeiten. Meist sind es Menschen, die sich in ihrem Leben hohe Ideale gesetzt haben und denen es schwer fällt, sich neu zu orientieren. Ob es sich um politische Ziele, perfektionistische Gesundheitsideen oder strenge Moralvorstellungen handelt, das gesteckte Ziel wird von ihnen als selbstauferlegte Verpflichtung angesehen und mit eiserner Disziplin verfolgt. Abweichungen vom eingeschlagenen Weg werden als „Launen" verdammt und nicht zugelassen. Die vielleicht immer noch vorhandene innere Stimme, die zu mehr Mäßigung und Natürlichkeit ruft, wird, als „innerer Schweinehund" bezeichnet, eisern unterdrückt. Der Wille dominiert.

Alles, was das Leben angenehm und freudvoll macht, versagen sich Menschen, die zu eiserner Selbstdisziplin tendieren. Ihre asketische Lebensauffassung lässt hier, zum Leidwesen derer, die mit ihnen zu tun haben, meistens keine Ausnahmen zu. Sie trinken auf einer ausgelassenen Geburtstagsfeier keinen Tropfen Alkohol und rühren von dem liebevoll zubereiteten Büfett nichts an. Am nächsten Morgen sind sie dann aber, wie jeden Morgen, um sieben Uhr im Schwimmbad und ziehen ihre abgezählten Bahnen. Erst danach gönnen sie sich ein Frühstück, dass aus Knäckebrot und selbstgepresstem Orangesaft besteht.

Körperliche Fitness spielt bei vielen zu Verbissenheit neigenden Charakteren eine große Rolle. Sie wollen, nein, sie müssen um jeden Preis fit und leistungsfähig sein. Schwierige Yogaübungen und lange Meditationssitzungen, die ungeachtet schmerzender Beine „durchgezogen" werden, sind ganz nach ihrem Geschmack. Auf geheimnisvolle Weise ziehen sie Befriedigung aus ihrer strengen Lebensweise und häufig sehen sie sich selbst mit ihrer Lustverachtung und eiserner Disziplin als der Gradmesser, an dem sich andere messen lassen müssen. Sie legen großen Wert darauf, Vorbild zu sein, ihnen muss man das Wasser reichen.

Nicht selten spielen religiöse Ideen eine wichtige Rolle. Wie alle anderen Motive werden auch sie dem gleichen unerbittlichen

Schema von Anstrengung und Ausdauer unterzogen. Religion wird nicht als Heimstätte des rastlosen Geistes oder als friedvoller Ruhepunkt im hektischen Alltagsleben verstanden, sie ist ein Trainingsprogramm von Vorschriften und Übungen. Zementiert wird diese, auf Pflichterfüllung und Übung, zentrierte Auffassung durch den Hinweis auf uralte Traditionen, denen Folge geleistet wird. Damit werden Kritiker auf Distanz gehalten, denn wer sollte sich anmaßen, Traditionen, die schon Hunderte von Jahren bestehen, anzuzweifeln oder auch nur zu hinterfragen?

Hier wird ein weiterer Punkt rigider Persönlichkeiten angeschnitten: sie leben in der Gewissheit, Recht zu haben und das Richtige zu tun. Diskussionen mit Menschen dieses Typs sind wenig interessant und ergiebig. Gespräche mit ihnen sind kein wirklicher Gedankenaustausch und erst recht kein Gewinn für beide Gesprächspartner. Willensmenschen sitzen sicher geschützt hinter einem Bündel absoluter Überzeugungen und sind für andere Ideen nicht zugänglich. Wer ihren Meinungen nicht folgt und das auch deutlich macht, sieht sich nicht selten einer Spielart geistigen Hochmuts gegenüber, die unangenehm berührt. Lächelnd und mit unübersehbaren Gesten der Überlegenheit ziehen sie sich von dem Gespräch zurück. Sie wissen, wie die Dinge wirklich sind und wer das nicht einsieht, der „ist noch nicht soweit".

Reife Menschen wissen sehr wohl, dass es vieles auf der Welt gibt, das sie nicht wissen und verstehen. Es ist sogar äußerst verhängnisvoll, sich seiner eigenen Unwissenheit nicht bewusst zu sein, gleichgültig, ob es das eigene Ich, weltliche Angelegenheiten oder zwischenmenschliche Beziehungen betrifft. In diesem Sinne liegt vor dem, der seine Unwissenheit akzeptiert, immer offenes Land, das entdeckt werden will. Wer sich aber für vollkommen und seine Lebensführung für unbedingt richtig hält, der versteinert und schließt weiteres Wachstum aus seinem Leben aus.

II. Die geistige Fehlhaltung liegt in einer zu starken Willensbetonung. Perfektionisten und Prinzipienreiter kommen häufig aus sehr leistungsorientierten Elternhäusern, in denen sie schon als

Kind mit extrem hohen Standards konfrontiert wurden. Als Kinder haben sie nicht gelernt, dass auch Fehler in Ordnung sind und zum Leben gehören, weil ihnen Wertschätzung nur bei guten Leistungen zuteil wurde. Aus dem Wunsch nach Anerkennung haben sie sich unter den Zwang gestellt, immer perfekt und besser zu sein als andere. Verlust von Spontaneität und innerer Gelassenheit sind der Preis, den die Betreffenden für ihre Haltung zahlen. Die Welt ist zu vielfältig, widersprüchlich, unberechenbar und komplex, als dass man sich in ihr mit einem Korsett aus Regeln und Vorschriften bewegen sollte.

Disziplin und Ordnung sind wichtige Bestandteile des Lebens und des spirituellen Weges, aber man kann geistige Fortschritte nicht erzwingen. Wer mit Gewalt und Willenskraft die Pforte zum Geheimnis aufstoßen will, der trifft, wie man im Zen sagt, auf ein Tor aus Eisen. Wer wirklich dieses Tor durchschreiten will, der muss klein, unscheinbar und bescheiden werden. Er muss nicht mehr sein, als ein sanfter Luftzug, dann gibt die Pforte nach. Meditative Übungen dienen nicht dazu, den Körper zu stählen und das eigene Selbst aufzublähen, sie sollen vielmehr den Körper kräftigen und den Geist sanft und durchlässig machen.

Der fassbare Teil der Spiritualität, wie etwa eine bestimmte Meditationstechnik ist nicht das Wesentliche, er ist nur die Voraussetzung einer guten Meditation. Tiefe Erkenntnis kommt nicht, weil man sie will oder braucht, sie kommt, wenn man reif für sie ist. Wer sich an Teilwahrheiten klammert, dem bleibt eine umfassende Wahrnehmung verschlossen.

III. Eine grundlegende Haltungsänderung geschieht bei zu übertriebener Selbstdisziplin neigenden Menschen fast nie durch eigene Einsicht. Der Impuls dazu muss daher von außen erfolgen. Er muss sehr stark sein und deutlich artikuliert werden. Mit Fingerzeigen und sanftem Druck wird man bei ihnen nichts bewirken. Der betreffenden Person muss klar gemacht werden, welchen inneren Zwängen sie sich ständig unterwirft und dass sie auf diese Weise elementare menschliche Bedürfnisse in sich unterdrückt.

Man kann sogar sagen, dass es Menschen dieses Typs an echter Lebensfreude fehlt, weil sie sich selbst unablässig Gewalt antun. Kritisiert man ihren Lebensstil, werden von ihrer Seite möglicherweise die hohen Ziele ins Spiel gebracht, denen sie dienen und mit denen sie sich identifizieren. Diese geistigen Ideale müssen unbedingt kritisch hinterfragt werden. Was sind das für Ziele, Ideale, Theorien? Sind sie den hohen Einsatz wert? Was würde geschehen, wenn der Betreffende den Anforderungen an sich selbst nicht mehr nachkommt?

In Zen-Gruppen findet man den oben beschriebenen Typus des disziplinierten Willensmenschen gar nicht so selten. Der Nymbus des Zen wirkt sehr anziehend auf Personen, denn die Übung des Zen wird in allerlei Büchern immer wieder als hart, streng und kompromisslos beschrieben. Zen-Meister haben für die oben beschriebenen Charaktere eine besondere Attraktivität, wenn sie als „harte Hunde" bekannt sind, die ihre Schüler ordentlich „schleifen". Ein Zen, das auf Einsicht und Weisheit ausgerichtet und das in seiner Praxis weich und natürlich ist, hat es sehr viel schwerer, ernst genommen zu werden. Dabei widerspricht eine harte, starre Lehre einem der heiligsten Grundsätze asiatischer Weisheit, nach der das weiche Wasser den harten Stein besiegt und demgemäß das Weiche stärker ist als das Harte.

Eine der wichtigsten Übungen muss für die Betreffenden die konsequente Einübung von Mitgefühl sein, denn große, hehre Ideale, die ohne Mitgefühl aufgebaut und aufrechterhalten werden, sind nicht nur wertlos, sondern auch gefährlich. Das 20. Jahrhundert hat einige solcher zweifelhaften Ideale hervorgebracht. Was kennzeichnet Mitgefühl? Mitgefühl besteht aus Verstehen, Nachempfinden und Annehmen. Es führt von sich fort und gibt anderen Menschen das, was man auch selber sucht. Dann kehrt es zu dem mitfühlend Gebenden als Nächstenliebe eines anderen zurück.

IV. Wer von übertriebenem Ehrgeiz getrieben wird und zu Perfektionismus tendiert, sollte:

- Aktivitäten nachgehen, die nicht zielorientiert sind und Locker-heit erfordern, wie etwa das Spielen mit Kindern.

- sich realistische statt überhöhte Standards setzen und lernen, mit Misserfolgen konstruktiv umzugehen

- sich von rigiden Theorien lösen, die das eigene Leben zu stark strukturieren.

- mehr auf das eigene Befinden, vor allem mehr auf Natürlichkeit achten: Was sagt mein Körper, was mein Gefühl?

V. Übung:

Halten Sie sich an die Anweisungen zur Selbsthypnose in der Ein-leitung. Beruhigen Sie einige Minuten lang in entspannter Körper-lage Ihre Atmung. Achten Sie dabei vor allem auf eine lange und langsame Ausatmung. Wenn Sie die tiefe Trance erreicht haben, sagen Sie innerlich laut:

„Ich überlasse mich dem natürlichen Strom des Lebens."

Wiederholen Sie diesen Satz im Abstand von etwa einer Minute vier- bis fünfmal und kommen Sie dann aus der Entspannung zurück. Die ganze Übung dauert etwa 10 Minuten. Sie sollte nach Möglichkeit mehrmals in der Woche wiederholt werden, damit die Selbstprogrammierung nachhaltig wirksam werden kann.

9.

Ungeduld

I. Ungeduld befällt jeden Menschen hin und wieder. Wir stecken in einem Verkehrsstau und ein wichtiger Termin könnte verpasst werden. Wir haben eine Schmerztablette eingenommen und warten auf die positive Wirkung des Medikaments oder wir warten auf die Begegnung mit einem geliebten Menschen. Es ist durchaus nicht so, dass Geduld immer die bessere Eigenschaft ist, denn es gibt auch jene, die zu lange in unbefriedigenden Beziehungen bleiben, die zu lange an Orten leben, die ihrer Gesundheit schaden, die sich nicht beruflich verändern, auch wenn es längst überfällig ist. Wir müssen Geduld haben – aber nicht zuviel. Auch Ungeduld gehört zum Leben, sie sollte aber ein Ausnahmezustand sein und den Lebensfluss nicht leiten. Wer aber häufig, wenn nicht gar ständig damit hadert, dass die Dinge nicht schnell genug gehen, der wird der Verschiedenartigkeit der Menschen und dem natürlichen Lauf des Lebens nicht gerecht.

Sicher müssen manchmal Aufgaben rasch angegangen und zu Ende gebracht werden. Als Notarzt zum Beispiel wäre ein ausgeprägter Phlegmatiker völlig ungeeignet, aber in der Psychiatrie könnte er gerade mit seiner langsamen und bedächtigen Art sehr erfolgreich sein. Menschen haben verschiedene Temperamente, die alle ihren jeweiligen Sinn und Wert besitzen. Erfolgsverliebte, schnell agierende und reagierende Menschen haben in der Regel ein großes Problem damit, das zu sehen oder es gar zu würdigen. Sie treiben, fordern, drängen, drohen mit Konsequenzen und fallen anderen ins Wort. Menschen, die langsamer denken und arbeiten, bringen sie zur Weißglut. Geht etwas nicht schnell und reibungslos, macht es sie schier wahnsinnig. So schnell ihre überschiessenden Reaktionen hochkochen, so schnell kühlen sie auch wieder ab. Ihre nervöse innere Anspannung kann zu unberechenbaren Wutausbrüchen führen, die für andere nicht immer leicht zu ertragen sind. Oft ist eine ständig vorhandene Gereiztheit spürbar und man sieht am Verhalten der Betreffenden, dass sie immer auf Hochtouren laufen. Schon bei geringem Leerlauf trommeln sie mit den Fingern auf die Tischplatte oder wippen mit dem Stuhl.

Zu Ungeduld neigende Unternehmer können, dank ihrer zupackenden Art in wirtschaftlicher Hinsicht durchaus erfolgreich sein. Probleme ergeben sich aber aus einem Mangel an Teamfähigkeit und aus übereilten Entscheidungen. Als Vorgesetzte sind sie selten beliebt und das Betriebsklima in ihren Firmen entspricht meistens der Seelenlage des Chefs: reizbar und angespannt. Die Angestellten gehen ihrem Chef aus dem Weg, aber nicht auf ihn zu. Als Lehrer sind Menschen mit dieser Ausprägung wenig geeignet, denn sie lassen es ihre Schüler auch recht undiplomatisch wissen, dass sie alles besser wissen und können. „Ach, ehe ich Ihnen das lang und breit erkläre, mache ich es lieber selbst!", „Nun geben Sie mal her, das dauert mir zu lange!" und schon ist der Andere zum Zuschauen verdammt. Dieses „Ich kann es selber besser" ist sozusagen das innere Leitmotiv des ungeduldigen Charakters. Dabei ist ihm die Führungsrolle eigentlich eher unangenehm und lästig, es geht ihm nicht darum, andere zurechtzuweisen und zu zeigen, was er kann. Viel lieber würde er die Sache alleine, ohne Zuschauer und ohne Einmischung von außen erledigen.

Auffassungsgabe und Lernfähigkeit chronisch ungeduldiger Menschen sind oft beeindruckend und sie sind hier den meisten Mitmenschen tatsächlich überlegen. Da in ihrem eigenen Kopf alles sehr schnell abläuft, schneller als bei anderen, kommt ihnen ihre Umgebung zäh und träge vor. Positiv kann sich das bei langfristig angelegten Projekten auswirken, denn hier neigen sie dazu, die Dinge anzupacken und voranzutreiben. Allerdings laufen sie immer Gefahr, dass, was sie anstoßen und ins Werk setzen, durch Übereifer und schlechtes Teamwork wieder zunichte zu machen.

II. Das Problem ausgeprägt ungeduldiger Menschen liegt im Wesentlichen in ihrer übergroßen Selbstbezogenheit und in, eng damit verbunden, einem Mangel an Empathie. Sie machen sich zu sehr zum Maßstab über andere, die in ihrer Auffassung langsamer, ihren Denkwegen komplexer und in ihrem Vorgehen bedächtiger sind.

Der Ungeduldige fordert, dass Aufgaben einfacher und schneller zu lösen sind, als sie es tatsächlich sind. Er überschätzt gerne seine eigenen Möglichkeiten und meint darüber hinaus, dass die Umstände sowieso anders sein sollten, als sie sind. Vieles auf dieser Welt entzieht sich der menschlichen Willenskraft. Die Krokusse kommen nicht aus dem Boden, weil ich sie dazu auffordere, sondern wenn ihre Zeit gekommen ist. Ungeduldige müssen lernen, die Grenzen der eigenen Handlungsmöglichkeiten zu akzeptieren und die Vielfältigkeit der Lebensstile zu respektieren.

III. Die Aufgabe besteht darin, die sozialen Kompetenzen auszubauen, also Verständnis zu zeigen, andere in ihrer jeweiligen Art ernst zu nehmen, ihnen zuzuhören und ihre Vorschläge ernsthaft zu prüfen. Es wird ihnen schwerfallen, aber chronisch Ungeduldige müssen sich darin üben, sich selbst zurückzunehmen, die Zügel locker zu lassen und auch einmal dabei zuzusehen, wie die Dinge ohne ihr Eingreifen geschehen. Von wirklich guten Führungspersönlichkeiten merkt man kaum, dass sie da sind. Je mehr sie ihre Macht verbergen, desto wirksamer wird sie sich entfalten. Wenn leitende Personen aber herrisch und anmaßend auftreten und sich in unangemessener Weise in das Leben anderer einmischen, dann sind sie für eine führende Rolle ungeeignet.

Wenn sich schließlich tatsächlich eine geduldigere Haltung einstellt, erwachen oft Herzensfähigkeiten wie Mitgefühl und Verständnis für andere, die bislang kaum zutage getreten sind. Und ein weiteres, nicht unwesentliches Problem dieses Charaktertypus, nämlich die Neigung zur Selbstisolation, mindert sich oder verschwindet bei besonders günstigem Verlauf sogar ganz. Das große Potential ungeduldiger Menschen, ihre schnelle Auffassungsgabe, Handlungsbereitschaft, Reaktionsschnelle oder Fachkompetenz muss in den Dienst eines größeren Ganzen gestellt werden. Nur dann sind diese Fähigkeiten wirklich wertvoll, denn große Gaben eines Menschen sind auch immer große Verpflichtungen. Nachdem Buddha unter dem Bodhi-Baum das große Erwachen erlebt hatte, wusste er zunächst nicht, wie er mit dieser Erfahrung umgehen sollte. Sollte er sich in die Wälder zurückziehen und seinen eigenen, vollkommen befriedeten Geist genießen oder sollte er den mühsameren Weg gehen und zu den Menschen sprechen und ihnen seine Lehre verkünden? Er entschied sich bekanntlich für Letzteres, sonst wüssten wir nichts von einem Buddha und es wäre nie eine Religion entstanden, die Buddhismus heißt. Bis zu seinem letzten Tag folgte er seiner inneren Verpflichtung und kümmerte sich um seine Schüler. Auch der stetig Ungeduldige muss diesen Bodhisattva-Geist, den Geist des Dienens, in sich erwecken und ihm folgen.

Das Bewusstsein vom All-Einen muss der Meister werden, der menschliche Geist sein treuer Diener sein. Wer um die ursprüngliche Quelle weiß, der gehorcht dem Meister ohne unterworfen werden zu müssen. Was auch immer er tut, jede Handlung, jedes Wort und jedes Innehalten, alles wird vom All-Einen selbst bewirkt. In tiefer Meditation verschwindet das individuelle Bewusstsein und geht im Geist des All-Einen auf. Dann gibt es kein unstetes Umherirren von Gedanken, keine Suche in der Außenwelt und keine unbedachten Handlungen mehr.

IV. Ungeduldige sollten Folgendes bedenken oder tun:

- Sie sollten vor Entscheidungen bewusst Pausen einlegen und prüfen, ob der Sachverhalt wirklich dringlich ist. Muss dieses Problem schnell gelöst werden? Muss es von mir gelöst werden? Was geschieht, wenn ich es nicht lösen kann?

▪ Grundsätzlich gilt: Wer ein Problem mit Ruhe angeht, findet eher eine Lösung. Ist die gestellte Aufgabe sehr umfangreich, sollte man sie in Zwischenschritte einteilen. Dadurch wird der Fortschritt, den man macht, deutlich, was die Ungeduld besänftigt.

▪ Bei manchen Aufgaben, Problemen und Herausforderungen liegt der Verlauf nicht in der eigenen Hand. Man kann vielleicht seine eigenen Vorstellungen und Ideen einbringen, aber die Entwicklung des Gesamtkomplexes geht über das eigene Wollen und Wünschen hinaus. In solchen Fällen tut man gut daran, sich mit seinen begrenzten Handlungsmöglichkeiten abzufinden oder die Sache loszulassen und sich von ihr zurückzuziehen.

▪ Hilfreich ist das Ausagieren der inneren Überspannung durch sportliche Aktivitäten und jede Art von Meditation.

V. Übung:

Halten Sie sich an die Anweisungen zur Selbsthypnose in der Einleitung. Beruhigen Sie einige Minuten lang in entspannter Körperlage Ihre Atmung. Achten Sie dabei vor allem auf eine lange und langsame Ausatmung. Wenn Sie die tiefe Trance erreicht haben, sagen Sie innerlich laut:

„Ich handele immer mit Ruhe und Gelassenheit."

Wiederholen Sie diesen Satz im Abstand von etwa einer Minute vier- bis fünfmal und kommen Sie dann aus der Entspannung zurück. Die ganze Übung dauert etwa 10 Minuten. Sie sollte nach Möglichkeit mehrmals in der Woche wiederholt werden, damit die Selbstprogrammierung nachhaltig wirksam werden kann.

10.
Überforderung

I. Das Gefühl, dass einem die Dinge über den Kopf wachsen und einem alles zuviel wird, dürfte wohl jeder aus seinem Leben kennen. Handelt es sich bei diesem Aufstöhnen um eine vorübergehende Erscheinung, so werden wir in der Regel auch damit leben und entsprechend umgehen können. Wir werden die Ärmel hochkrempeln und uns energisch an die Arbeit machen, um zu tun, was zu tun ist. Nach einer Weile ist ein guter Teil der zu bewältigenden Arbeit getan und der noch nicht angegangene Teil ist kleiner und überschaubarer geworden. Die Erfahrung sagt: den Rest schaffe ich auch noch!

Wer aber häufig vor lauter Aufgaben und Pflichten nicht mehr ein noch aus weiß, wer immer wieder an seine Leistungsgrenzen stößt, der muss in seiner Lebensführung etwas grundlegend falsch machen. Er wird sich zunächst einmal fragen müssen, wo denn die vielen, allzu vielen Verpflichtungen eigentlich herkommen? Sind sie ihm ohne eigenes Zutun auf geheimnisvolle Weise zugefallen? Wahrscheinlich nicht. Vermutlich ist bei dem Betreffenden der Wunsch, Verantwortung zu übernehmen, sehr ausgeprägt. Das mag zunächst einmal gut und unbedenklich klingen, aber meistens kommen bei Menschen, die unter ständiger Überforderung leiden, zwei weitere Elemente hinzu – sie wollen alles perfekt machen und meinen, es alleine schaffen zu müssen.

Hat sich die Haltung des einsamen Kämpfers, des unentbehrlichen Mitarbeiters, des fleißigen Vorstandsmitglieds oder der sich stets um alles kümmernden Mutter erst einmal im Geist eines Menschen eingenistet, ist es nur eine Frage der Zeit, bis er an seine Leistungsgrenzen stößt.

Menschen, die einen angeborenen Hang zum Altruismus haben und über große Energiereserven verfügen, sind besonders anfällig für chronische Überforderung. Man findet sie in angesehenen Positionen und in Berufen, für deren Ausübung viel Verantwortung und Entscheidungsfreude nötig ist. Sie bürden sich häufig über ihre eigene Berufsarbeit hinaus alle Arten von Verpflichtungen auf, wofür sie wenig oder überhaupt keine Bezahlung und selten Lob erhalten. Diese Menschen können, getrieben von Pflichtgefühl und Verantwortungsbewusstsein, von morgens bis abends und bis tief in die Nacht arbeiten. Oftmals ziehen solcherart strukturierte Menschen Aufgaben geradezu an sich, so sehr, dass sich bald viel zu viele unerledigte Arbeiten vor ihnen auftürmen. Anstatt zu delegieren, glauben sie, als einzige wirklich kompetent und unentbehrlich zu sein. Irgendwann aber reichen Kraft und Motivation nicht mehr und der Körper sendet Warnsignale aus, die nicht ignoriert werden sollten. Das können Magenprobleme, Herzstiche, Müdigkeit, Schlafstörungen oder andere Beschwerden sein. Spätestens jetzt muss etwas unternommen werden, um größeren gesundheitlichen Schaden zu vermeiden.

II. Welchem grundlegenden Irrtum unterliegen Menschen, die unter Überforderung leiden? Vor allem identifizieren sie sich zu stark mit der handelnden, tätigen Rolle ihrer Persönlichkeit. Sie sind viel zu schnell bereit, eigene Ansprüche und Wünsche zurückzustellen, wenn jemand mit einem Wunsch an sie herantritt. Vor allem wenn er es mit Appellen an ihr Verantwortungsbewusstsein verbindet, muss er kaum mit Widerstand rechnen. Leistung, Pflicht und Diensterfüllung stehen zu stark im Vordergrund, während der Aspekt der Regeneration vernachlässigt wird. Wir können nicht nur für andere da sein, wir haben auch unsere eigenen

Bedürfnisse und eine Verantwortung für uns selbst. Wenn wir dieses Sich-Kümmern um uns selbst nicht in den Vordergrund stellen, so ist das aller Ehren wert, aber ganz unterlassen dürfen wir es auch nicht. Fehlt uns die notwendige Zeit zur Auffrischung und Erneuerung unserer Energiereserven, so fehlt uns auch die Kraft, für andere da zu sein.

III. Menschen, die die Grenzen ihrer Leistungsfähigkeit schwer einschätzen können, müssen lernen, die Warnzeichen zu erkennen, die einem Erschöpfungszustand typischerweise vorausgehen: Konzentrationsschwierigkeiten, Schlafstörungen, Müdigkeit, Reizbarkeit, Selbstzweifel und Kopfschmerzen. Wer diese Warnsignale ernst nimmt, der erkennt rechtzeitig, dass er die eigenen Kräfte besser einteilen muss.

Wenn unsere Aktivitäten vorrangig darauf abzielen, Änderungen und Verbesserungen in der Außenwelt zu bewirken und wenn wir es gleichzeitig unterlassen, uns ins Unendliche zu versenken, dann sind wir auf keinem guten Weg. Im Zen heißt es: „Wenn du nicht zum Ursprung der Dinge durchdringst, wird sich der Geist vergeblich erschöpfen." Wir sollten unser Bemühen also auch darauf ausrichten, zur Quelle aller Dinge, Wesen und Aktivitäten vorzudringen. Das ist sicher ein hohes Ziel, denn es liegt jenseits aller guten Ratschläge für ein besseres Leben und auch jenseits professioneller Therapie. Die Übung der Meditation ist dieser Weg und er ist, aller hohen Ansprüche zum Trotz, relativ leicht zu erlernen. Es ist auch nicht so, dass der Ursprung der Dinge nur eines fernen Tages in nebelumwölkter Zukunft erreicht werden kann. Im Zen wird immer wieder betont, dass sich eine grundlegende Umkehr sofort, ohne Verzögerung, vollziehen kann.

IV. Wer Probleme mit Überforderung hat, sollte:

- sich aktiv bemühen, auch einmal nichts zu tun und sich zu entspannen.

- bei neu angegangenen Aktivitäten Erholungsphasen einplanen.

... sich eines der wichtigsten Prinzipien aller spirituellen Schulen zu Herzen nehmen: Schränke deine Aktivitäten ein! Wer in zu vielen Töpfen rührt, zu viele Aufgaben übernimmt, zu viele Ziele verfolgt, der zersplittert seine Kräfte und wird, trotz aller Anstrengung, wenig bewirken.

V. Übung:

Halten Sie sich an die Anweisungen zur Selbsthypnose in der Einleitung. Beruhigen Sie einige Minuten lang in entspannter Körperlage Ihre Atmung. Achten Sie dabei vor allem auf eine lange und langsame Ausatmung. Wenn Sie die tiefe Trance erreicht haben, sagen Sie innerlich laut:

„Ich bekomme die Kraft, die ich brauche!"

Wiederholen Sie diesen Satz im Abstand von etwa einer Minute vier- bis fünfmal und kommen Sie dann aus der Entspannung zurück. Die ganze Übung dauert etwa 5 bis 10 Minuten. Sie sollte nach Möglichkeit mehrmals in der Woche wiederholt werden, damit die Selbstprogrammierung nachhaltig wirksam werden kann.

11.

Pessimismus

I. Im Auf und Ab des Lebens kommt es immer mal wieder anders, als man erwartet hatte, treten Ereignisse nicht ein, auf die man gehofft hatte oder es treten Ereignisse ein, die man verhindern wollte. Auf dem Lebensweg bleiben Rückschläge und Enttäuschungen niemandem erspart. Entscheidend ist, wie wir mit ihnen umgehen. Lernen wir aus Rückschlägen etwas für zukünftige, ähnliche Situationen? Sehen wir sie als Ansporn, es demnächst besser zu machen oder ziehen wir uns zurück und vermeiden es fortan, in vergleichbare Situationen zu kommen? Wenn wir den Weg des Rückzugs wählen, gehen wir den Weg der Entmutigung und Skepsis. Wir sehen dann immer zuerst die Probleme, fürchten die Widerstände und bedenken die Folgen eines Scheiterns. Chancen werden dann gar nicht erkannt und ein Gelingen kaum ernsthaft erwogen. Sollte dann doch jemand aus unserer Nähe Optimismus verbreiten und konstruktive Ideen äußern, wird er für naiv gehalten.

Oft sind es gar nicht, wie landläufig angenommen wird, schlechte Erfahrungen, die Menschen zu eingefleischten Pessimisten werden lassen. Man hat herausgefunden, dass die Zahl der Enttäuschungen und Rückschläge, die ein Mensch erlebt hat, keine Rolle dabei spielt, ob er Pessimist oder Optimist wird. Die Zahl belastender Ereignisse ist bei Pessimisten und Optimisten ungefähr gleich. Es sind die Bewältigungsstrategien, die den Unterschied ausmachen. Sie erst bringen eine positive oder negative Weltsicht hervor. Mit der negativen Erwartungshaltung will sich der Skeptiker vor weiteren Enttäuschungen schützen. Tritt eine ungünstige Prognose tatsächlich ein, fühlt er tiefe Genugtuung: „Ich hab' es ja gleich gesagt!" Tritt die erwartete Prognose nicht, oder nicht in vollem Umfang ein, zweifelt der Pessimist daran, korrekt informiert worden zu sein oder er mutmaßt, dass es „letztlich" doch noch so kommen wird, wie er erwartet. Er ist in jedem Fall auf das Schlimmste gefasst und kann nicht das Opfer einer gescheiterten Hoffnung oder eines geplatzten Lebenstraumes werden. Aber der vermeintliche Schutz, der durch Skepsis, Zweifel und Pessimismus gewährt wird, hat einen nicht unerheblichen Widerhaken. Man kann nämlich, da man nur negative Signale aussendet, nicht positiv überrascht werden. Begegnet man Ereignissen mit einer zweifelhaften Erwartungshaltung, können sich die Dinge auch nur zweifelhaft entwickeln. Geht man ein Projekt mit einer negativen Grundhaltung an, können schon ein paar leichte Schwierigkeiten (die mit Sicherheit auftauchen werden), es zum Scheitern bringen.

Pessimisten sind durchaus Menschen, die, oft belesen und intelligent, sehr stark auf ihr persönliches Denken bauen. Sie grübeln, analysieren, hinterfragen und deuten fast unentwegt. Nicht selten haben sie eine ausgeprägte Meinung zu den verschiedensten aktuell diskutierten Themen, angefangen vom Klimawandel, über die Probleme der Krebsdiagnostik, der Pelztierhaltung und der Feinstaubbelastung bis hin zu Erektionsproblemen bei Senioren. Sie versuchen hartnäckig, die Probleme der Welt und des eigenen Lebens gedanklich erfassen zu können. Tatsächlich kann aber ein solches Denken, das ständig mit drohenden Gefahren und dem Vermeiden von Unheil befasst ist, nur zerfahren und fragmentarisch sein, wobei der Hang zu negativen Aussichten die Resultate der unentwegten Gedankenarbeit besonders deprimierend aussehen lässt.

II. Der pessimistische Mensch traut sich die Fähigkeit zur Lösung seiner Aufgaben nicht zu. Sein Seelenleben ist von Zaghaftigkeit, Schüchternheit und Misstrauen beherrscht. Pessimismus ist stark mit Passivität verbunden. Wenn sich ein Mensch ganz seiner pessimistischen Grundhaltung ergeben hat, kann er eine subtile Macht auf Personen in seiner Umgebung ausüben: die Macht des Schwachen. Durch angebliches Nicht-Können, schlechtes Allgemeinbefinden oder Krankheit zwingt er andere zum Handeln. Hat sich diese passive Haltung erst einmal eingespielt, ist die Wahrscheinlichkeit groß, dass sie sich nicht ändert. Der Pessimist hat es sich in seiner Untätigkeit bequem gemacht. Der Grund dafür ist aber nicht Bosheit oder ein schlechter Charakter. Es fehlt spätestens jetzt ein fähiger Helfer, der die Situation durchschaut und zu wirklicher Hilfe imstande ist.

Ein weiteres Problem pessimistisch gestimmter Menschen ist das schnelle Aufgeben, wenn die Dinge nicht in die gewünschte Richtung laufen. Sie erwarten, ganz schnell, am besten auf Anhieb die jeweilige Aufgabe bewältigen zu können. Gelingt das nicht, dann geben sie schnell auf: „Klappt ja doch nicht!" Mangelndes Durchhaltevermögen geht nicht selten auf Verwöhnung in der Kindheit und Jugend zurück, denn verwöhnte Menschen mussten nie wirklich kämpfen. Tauchten Schwierigkeiten auf, nahmen rasch andere, die Eltern zum Beispiel, die Sache in die Hand und regelten sie.

Wenn es dem Pessimisten an etwas fehlt, dann sind es Vertrauen und Zuversicht. Vertrauen nicht nur in die eigene Fähigkeit, etwas zu Ende zu führen und Probleme zu bewältigen, sondern mehr noch Vertrauen in die Allmacht und positive Kraft der kosmischen Ordnung. Ein Verständnis der Allverbundenheit als ordnender Lebenskomponente ist nicht vorhanden. Pessimisten sehen die Ergebnisse des eigenen Handelns als isoliert dastehend an. Im Zen gibt es den Satz: „Wenn der Frühling kommt, wächst das Gras ganz von allein." Das Gras wächst auch, wenn wir daran zweifeln und es wächst nicht schneller, wenn wir es wünschen – es ist, wie auch der Frühling, ganz unabhängig von unserem Denken und Meinen.

III. Wie verhält sich der Weise gegenüber den Unbillen des Lebens, gegenüber Leid und Schmerz? Anders als der Unwissende, der angesichts des Leidens stöhnt und jammert, nimmt der Weise es zunächst einmal als gegeben an. Dann fragt er sich, was ihm dieses Ungemach sagen will, welche Botschaft dahintersteckt, denn hinter jeder Schwierigkeit steckt eine mehr oder weniger verborgene Botschaft. Er wird sich fragen, was er durch dieses Problem lernen kann und zu welchen Einsichten es ihn führen will. Auch mit Sorgen, Unglück und Schmerz kann man schöpferisch umgehen. Es ist ja nicht nur man selbst, also dieser einzelne Mensch, der der Erfahrung von Alter, Krankheit und Tod nicht entgehen kann. In der gesamten Welt des Lebendigen gilt dieses Gesetz: Was dem Altern unterworfen ist, das muss altern; was der Krankheit ausgeliefert ist, das wird krank; was dem Sterben unterworfen ist, das muss sterben und das, was dem Verfall unterworfen ist, das wird sich auflösen. Wenn man dieses Gesetz akzeptieren kann, hat man der Trübsal den Giftstachel gezogen.

Es gibt Personen, die primär von der *Hoffnung auf Erfolg* motiviert sind, und solche die von *Furcht vor Misserfolg* getrieben werden. Dieser zunächst geringfügig erscheinende Unterschied hat gravierende Folgen auf die jeweilige Lebensführung. Der erstere ist durchaus bereit etwas zu wagen und er nimmt dafür gewisse Risiken in Kauf. Wer aber von Furcht vor dem Scheitern bestimmt wird, der wird äußerst vorsichtig vorgehen und ist nicht bereit, etwas aufs Spiel zu setzen. Am besten ist es für den Ängstlichen, gar nichts zu tun, denn dann kann er auch nicht scheitern. Die Betroffenen müssen ihr Vermeidungsverhalten aufgeben und sich trauen, neue Erfahrungen zu machen. Mit Rückschlägen muss man immer rechnen, aber wenn der eine Weg nicht zum Ziel führt, dann muss man eben einen anderen gehen.

IV. Menschen mit pessimistischer Lebenseinstellung sollten:

- wissen, dass Pessimisten ein Opfer ihrer negativ gefärbten Gedanken sind. Wir alle werden zu dem, was wir denken. Wir ernten, was wir säen und finden das, was wir suchen. Suchen wir den Heiligen in uns, werden wir ihn finden. Hegen wir über längere Zeit kriminelle Gedanken, werden wir zum Gauner.

▪ sich den Lebenslauf von Personen anschauen, die durch Rückschläge nicht entmutigt wurden und nie aufgegeben haben. Mahatma Gandhi ist so eine Gestalt, aber auch Nelson Mandela, Thomas Edison oder die burmesische Nobelpreisträgerin Aung san suu Kyi. Sie sollten sich fragen, warum sie auch in hoffnungsloser Situation weiter gemacht und an sich und ihre Mission geglaubt haben?

▪ sich vor Augen halten, dass Widerstände, Schwierigkeiten und Rückschläge Lernchancen und somit sehr wichtig sind. Vielen Erfindungen, Projekten und Entdeckungen gingen unzählige Fehlversuche voraus, aber die Initiatoren haben an ihren Erfolg geglaubt.

▪ erkennen, dass man allen Ereignissen im Leben einen spezifischen Sinn abgewinnen kann, auch wenn er zunächst verborgen bleibt. Meine Aktivitäten haben auch dann Folgen, wenn sie, vordergründig betrachtet, scheitern. Das Karma meiner Handlungen wird sich irgendwann in irgendeiner Form manifestieren.

V. Übung:

Halten Sie sich an die Anweisungen zur Selbsthypnose in der Einleitung. Beruhigen Sie einige Minuten lang in entspannter Körperlage Ihre Atmung. Achten Sie dabei vor allem auf eine lange und langsame Ausatmung. Wenn Sie die tiefe Trance erreicht haben, sagen Sie innerlich laut:

„Vertrauen und Zuversicht kehren zu mir zurück."

Wiederholen Sie diesen Satz im Abstand von etwa einer Minute vier- bis fünfmal und kommen Sie dann aus der Entspannung zurück. Die ganze Übung dauert etwa 10 Minuten. Sie sollte nach Möglichkeit mehrmals in der Woche wiederholt werden, damit die Selbstprogrammierung nachhaltig wirksam werden kann.

12.
Resignation

I. Manche Menschen werden vom Schicksal schwer geprüft und herausgefordert. Niemand kann sich sicher sein, dass nicht auch er einmal völlig aus seinem gewohnten Leben herausgerissen und vor schicksalhafte Entscheidungen gestellt wird. Materielle Verluste, lange Zeiten von Arbeitslosigkeit oder der Verlust nahestehender Angehöriger können belastend sein, aber besonders hoffnungszehrend sind schwere Krankheiten mit schlechten Heilungsaussichten. Oft kämpfen die Betroffenen lange gegen das drohende Unheil an, wollen es nicht wahr haben und glauben an eine günstigere Prognose. Zeigt sich aber kein Silberstreif am Horizont, klagen sie den Weltenlauf an: „Warum gerade ich?" Schließlich, wenn alle Hoffnungen auf eine schnelle Genesung aufgegeben worden sind, beginnen sie zu kämpfen. Dann reiht sich Therapie an Therapie, Maßnahme an Maßnahme, aber oft ohne nachhaltigen Erfolg. Irgendwann sind die Betroffenen mit ihrem Latein am Ende und gestehen sich ein: Nichts hat mir geholfen, niemand kann mir helfen – es ist aussichtslos! Nun ist der Zustand der völligen Resignation erreicht. Man hat sich aufgegeben, hat definitiv „keine Lust mehr", die Willenskräfte sind erlahmt.

Niemand sucht freiwillig danach, aber all jene, die durch Phasen intensiven Leidens hindurchgegangen sind, wissen, dass man durch Schmerzen, Prüfungen und leidvolle Erfahrungen sehr viel über sich, das Leben und die Welt lernt. Es sind niemals Vergnügen und Bequemlichkeit, es sind nicht die schönen Momente des Lebens oder die glücklichen Zufälle, die einen Charakter formen, es sind immer die Herausforderungen und Rückschläge, die es bewerkstelligen. Kaum ein Schriftsteller von Rang hatte eine glückliche, unbeschwerte Kindheit oder Jugend. Ihr Leiden am Vater, an der Mutter, den früh verstorbenen Eltern, der Armut, den Kriegstagen oder der fehlenden Elternliebe hat sie geprägt und zum Schreiben motiviert. Sie haben ihr Leiden gebannt, indem sie ihm eine Form gegeben haben. Intensive Leidensphasen und Todesnähe stehen oft auch am Beginn eines spirituellen Weges. Der deutsche Mystiker Meister Eckhart sagt über das Leiden, es sei „das schnellste Ross, das euch zur Vollkommenheit trägt."

II. Denen, die alle Hoffnung aufgegeben haben, ist der Sinn für die grundlegende Polarität des Weltgeschehens verloren gegangen und sie tendieren dazu, nur noch die dunklen, abgründigen Seiten des Lebens zu sehen. Schon dem Psychologen C. G. Jung war früh aufgefallen, dass etwa ein Drittel seiner Patienten nicht an einer klinisch definierbaren Neurose, sondern an der Sinnlosigkeit und Leere ihres Daseins litt. Die Frage nach dem Sinn des Lebens ist bekanntlich nicht leicht zu beantworten, aber Menschen, die in einer Welt der Hoffnungslosigkeit leben, müssen sich mit ihr auseinandersetzen. Ihnen wäre nicht unerheblich geholfen, wenn sie zu der Einsicht gelangen könnten, dass es eine unbegreifliche Macht gibt, der alles Dasein entspringt, dass alles lebt und dass es letztlich keine tote Materie gibt. Jeder Baum lebt, jeder Stein, jede Wolke und jedes Sandkörnchen. Alles wandelt sich, aber nichts entsteht und nichts vergeht.

Der Zustand der Selbstaufgabe mag vielleicht nachvollziehbar sein, aber er ist auch gefährlich, denn er verhindert jede weitere Entwicklungsmöglichkeit, jede noch so unwahrscheinliche Wendung zum Besseren. Die Betroffenen können die immer noch in der Situation liegenden konstruktiven Möglichkeiten bzw. Entwicklungschancen nicht erkennen. Die Annahme völliger Aussichtslosigkeit verändert das Bewusstsein eines Menschen und setzt sich nach und nach immer fester im mentalen Körper eines Menschen fest, so dass auch der physische Körper diese Haltung übernimmt und jede, wie auch immer aussehende Besserung, unmöglich macht. Wissenschaftliche Studien belegen, dass eine negative Lebenseinstellung das Immunsystem schwächt, so dass der Körper krankheitsanfälliger wird und Krankheiten langsamer heilen. Sie verkürzt auch die Lebenserwartung.

Unter Umständen muss man sich damit abfinden, dass es keine Besserung der Situation gibt und dazu übergehen, den gegenwärtigen Zustand anzunehmen. Für Niemanden wird das Leben immer nur besser, kein Mensch kommt ohne Niederlagen und Schmerzen durchs Leben, wir alle werden unaufhaltsam älter und müssen irgendwann sterben.

III. Der Weg aus der Resignation führt nach innen und man muss ihn selbst gehen. Auf den Wellen des Ozeans tanzen die Schiffe auf und nieder, aber in der Tiefe herrschen Ruhe und Reglosigkeit. Der meditative Weg führt in die Tiefen des Seins und er bringt Frieden und Festigkeit.

Die Auseinandersetzung mit dem eigenen Schicksal ist das, was in einer scheinbar aussichtslosen Lage unausweichlich ist. Vielleicht wird doch noch alles zu einem guten Ende kommen, aber wenn es nicht so ist, dann muss man selbst den Tod akzeptieren. Wenn du dem Tod nicht mehr ausweichen kannst, dann musst du den Tod umarmen. Auch das Unabänderliche muss hingenommen werden, Alter, Krankheit und Tod sind feste Bestandteile des Lebens.

Gautama Buddha gab der Hoffnungslosigkeit, die immer nur negativ bewertet wird, eine überraschende Wendung, als er sagte: „Wer nichts erhofft von dieser Welt, wer nichts erhofft von jener Welt, den Hoffnungsheilen, Weltlosen, den nenn ich einen Heiligen."

IV. Wer unter Resignation leidet, sollte:

▪ sich fragen, zu welchen Einsichten ihn die gegenwärtige Lage zwingt?

▪ sich fragen, wie er kreativ mit der gegebenen Situation umgehen kann?

▪ Karma und Leiden als Realitäten ansehen und lernen zu akzeptieren, was ist.

▪ üben, den gegenwärtigen Moment zu leben und die kleinen Glücksmomente, die sich in unserem Alltag ereignen, auszukosten.

V. Übung:

Halten Sie sich an die Anweisungen zur Selbsthypnose in der Einleitung. Beruhigen Sie einige Minuten lang in entspannter Körperlage Ihre Atmung. Achten Sie dabei vor allem auf eine lange und langsame Ausatmung. Wenn Sie die tiefe Trance erreicht haben, sagen Sie innerlich laut:

„Ich sehe Licht am Ende des Tunnels.“

Wiederholen Sie diesen Satz im Abstand von etwa einer Minute vier- bis fünfmal und kommen Sie dann aus der Entspannung zurück. Die ganze Übung dauert etwa 10 Minuten. Sie sollte nach Möglichkeit mehrmals in der Woche wiederholt werden, damit die Selbstprogrammierung nachhaltig wirksam werden kann.

13.
Übereifer und Missionsdrang

I. Wohl jeder hat sich schon einmal von einer guten Idee, einer richtig guten Idee begeistern lassen. Wir wollen etwas in der Welt zum Besseren verändern und unterstützen Initiativen, die dies möglicherweise bewirken. Das mögen Umweltaktivitäten, politische Überzeugungen, religiöse Ansichten, Weltanschauungen oder etwas Anderes sein. Wenn wir wirklich hinter dem jeweiligen Projekt stehen, entfalten wir, je nach unseren zeitlichen und fachlichen Möglichkeiten, bestimmte Aktivitäten, die der „guten Sache" dienen. Jede Gesellschaft braucht Menschen, die bestimmte Teilaspekte des Zusammenlebens genauer ins Auge fassen und diese zu verbessern suchen. Unsere Gesellschaft würde sehr viel ärmer und blasser aussehen, wenn es die vielen Initiativen der Kirchen, Wohlfahrtsverbände, Kunstvereine oder Bürgerinitiativen mit ihren amtlichen und vor allem ehrenamtlichen Mitarbeitern nicht gäbe.

Irgendwo aber liegt die Grenze, ab der ein Einsatz für das Gute und Richtige in ein „zuviel des Guten" übergeht und den anvisierten Zielen mehr schadet als nützt. Diese Grenze ist fließend und nicht exakt festzulegen, aber Menschen, die in ihrer Mitte ruhen, spüren sehr schnell, wenn sie überschritten wird. Übereifrige Menschen sind vollkommen durchdrungen von einer Idee und von Sendungsbewusstsein erfüllt. Manche sind zurückhaltend mit ihrer Überzeugung und man muss sie eine Weile kennen, ehe man das immer gleiche Argumentationsmuster erkennt, das auf die immer gleiche Lösung hinausläuft. Andere verbergen ihren Eifer nicht, sondern überschütten einen sehr schnell mit ihren Thesen. Missionarischer Eifer ist schon sehr alt und manche glauben, dass er längst überwunden sei. Dem ist aber nicht so, nur die Inhalte haben gewechselt. Früher, vor hundert und mehr Jahren, war die Religion das bevorzugte Feld missionarischer Aktivität. In den siebziger und achtziger Jahren des vorigen Jahrhunderts traf man viele politisch orientierte Propagandisten, die für diese oder jene Variante des Kommunismus oder Sozialismus warben. In jüngerer Zeit hat sich der Fokus übereifriger Personen auf die Themen Gesundheit und Ernährung hin verlagert. Alles, was man macht oder zu sich nimmt, wird danach beurteilt, ob es heilsam oder schädlich, gesund oder ungesund ist.

Die meisten Eiferer sind harmlos und ihre Mitmenschen empfinden sie, weil sie immer und immer wieder auf die gleiche Weise argumentieren, als anstrengend. Das Zusammensein mit ihnen ist so spannend wie ein Film, den man schon ein Dutzend Mal gesehen hat. Schaukelt sich ihre feste Überzeugung aber zur Generallösung für sämtliche Probleme der Welt hoch, kann sie zu einer Art „heiligem Zorn" mutieren, der bei den Betroffenen enorme Kräfte mobilisieren kann. Dann ist der Seelenzustand des gefährlichen Fanatikers erreicht. Extreme Eiferer dulden keinen Widerspruch mehr und lassen nur noch ihre eigene Meinung gelten. Unter Umständen sind sie auch bereit, zur Durchsetzung ihrer Ziele Gewalt einzusetzen.

Wenn übereifrige Personen an einem Gespräch teilnehmen, schaffen sie es in kurzer Zeit, ihr Generalthema in den Mittelpunkt zu rücken. Bald geht es nur noch um dieses Thema und alle Versuche, davon abzuweichen und auch mal über etwas anderes zu reden, werden schnell zunichte gemacht. Die anderen Gesprächsteilnehmer sind jetzt nur noch auf die Rolle des Zuhörers reduziert. Argument auf Argument wird vorgebracht, These auf These. Ungerechtigkeiten werden angeprangert, skandalöse Zustände beschrieben, die beseitigt werden müssen. Oft wird den Zuhörern Bedrohliches präsentiert – immer ist es fünfvorzwölf und die Zeit zu handeln drängender als je zuvor. Schließlich wird, blumig und wortreich, die einzig mögliche Lösung präsentiert, das scharfe Schwert, das den Gordischen Knoten aller aufgelisteten Missstände durchtrennt.

Menschen, die von starkem Missionsdrang erfüllt sind, brennen oft an beiden Enden. Sie gönnen sich kaum Pausen und schenken der jeweiligen guten Sache all ihre Energie. Sie opfern ihr Privatleben, fahren nicht in Urlaub, schlafen zu wenig und vernachlässigen die Kontakte zu Freunden und Familienmitgliedern. Obwohl immer erreich- und abrufbar, haben sie dennoch nie genug getan, denn man könnte noch effizienter arbeiten und „noch mehr aus sich herauszuholen". Die Folge dieser Lebensweise ist ständige Angespanntheit und Nervosität. Vor allem, wenn die Dinge sich nicht so entwickeln, wie die Aktivisten es sich vorgestellt haben, reagieren sie gereizt. Auf längere Sicht führt das zu einer Art innerer Auszehrung, die sich im Gesicht und Körperbild des Betroffenen niederschlägt. Die Muskulatur des Eiferers ist meist angespannt und wenn er spricht, flattert sein Blick unruhig umher. Wer über lange Zeit keine Rücksicht auf die Ruhebedürfnisse des Körpers und des Seelenlebens nimmt, der schwächt seine Abwehrkräfte und wird empfänglich für Krankheiten aller Art.

II. Übereifrige Charaktere können mit ihrem Energiereservoir nicht richtig umgehen. Sie verfolgen ihre jeweiligen Ziele ohne Rücksicht auf ihre eigene Gesundheit und vor allem ohne Rücksicht auf die Meinung ihrer Mitmenschen. Was ihnen elementar fehlt, ist Ruhe und Gelassenheit.

Wer anderen seine Meinung aufdrängt, muss immer auch mit Gegenreaktionen rechnen. Verfechtern einer Ideologie fällt es schwer damit zu leben, dass es auch andere Weltanschauungen gibt, dass ihren Argumenten andere gegenübergestellt werden. Werden Worte als Waffe eingesetzt und Gespräche zum Kampf ums Recht-Haben, sind Spannungen mit anderen unvermeidlich. Ist man in solche Wortgefechte verwickelt, sollte man besser einen Schritt zurückzuweichen, als weiter voran zu gehen. Wenn ich jemanden mit Argumenten besiege, habe ich dann wirklich recht? Unterliege ich in einer Diskussion, habe ich dann wirklich unrecht? Im Zen sagt man: „Den Schatz der Wahrheit verliert man durch die eigenen Sinne und den eigenen Verstand. Wer durch das Tor des Zen eingehen will, der muss seinen Verstand ablegen."

III. Von Übereifer Beseelten muss klar werden, dass sie mit ihrem Einsatz weder der jeweiligen Sache noch sich selbst wirklich einen guten Dienst erweisen. Niemand lässt sich gerne „überfahren" und für eine, wie auch immer geartete, gute Sache zwangsrekrutieren. Missionarischer Eifer bringt selten positive Wirkungen hervor. Wenn man Menschen von etwas überzeugen will, muss man ihnen zuhören und ihre Argumente ernsthaft erwägen. Niemand hat immer nur Recht. Vor allem aber gibt es etwas, das viel mehr zählt als Argumente, nämlich die eigene Haltung. Man muss sein Anliegen nicht nur gut begründen und darlegen, man muss es vor allem verkörpern. Ein Mensch, der sein Ideal auch vorlebt und sich mit ganzem Herzen für eine gute Sache einsetzt, findet viel eher Gehör, als ein verspannter Eiferer. Es heißt nicht umsonst, dass man erst dreimal durch das eigene Haus gehen soll, ehe man sich daranmacht, die Welt zu ändern.

Für übereifrige Charaktere ist es sehr wichtig, Meditation zu üben, denn Meditation führt zu einer gerade für sie wichtigen Geisteshaltung: der Selbstvergessenheit. Das Zurücknehmen des eigenen Ich ist bei allen Aktivitäten wichtig, ja, es ist sogar eine wesentliche Voraussetzung für deren Gelingen. Es fällt allen Menschen sehr viel leichter, jemandem zuzuhören und zu helfen, der sich selbst nicht in den Vordergrund stellt, der nicht agiert, um sein eigenes Ich aufzublähen. Die wirklich großen Persönlichkeiten der Weltgeschichte haben ihr Werk in den Vordergrund gestellt und sich um sich selbst keine Sorgen gemacht. Sie haben ihren Platz in der Geschichte nicht bekommen, weil sie ihn gewollt haben, sondern weil ihr Anliegen frei von Egoismus war. Sich selbst kennen bedeutet: sich selbst vergessen. Sich selbst vergessen bedeutet: von allen Dingen erweckt werden.

Mit dem Selbstvergessen nahe verwandt ist das „Nichthandeln", denn wer wirklich etwas bewegen, schaffen und vollenden will, der muss es im Einklang mit der kosmischen Ordnung tun. Wenn zuviel persönlicher Wille und Anstrengung im Spiel sind, dann ist dieser Einklang nicht vorhanden und die geplante, wie auch immer geartete Sache, zum Scheitern verurteilt. Der Geist des Handelnden muss von starren Vorstellungen entleert werden, um frei für Neues zu sein. Nur in eine leere Tasse kann man Tee eingießen, die Tasse des Übereifrigen ist aber immer schon bis an den Rand hin voll.

IV. Von Übereifer und Missionsdrang Beseelte sollten:

- sich mehrmals in der Woche körperlich anstrengen, um überschüssige Energie abzubauen.

- Entspannungsübungen wie Tai-Chi oder Autogenes Training erlernen und regelmäßig üben.

- sich um kooperatives Handeln bemühen, um zu einer besseren Teamfähigkeit zu kommen.

- in der Meditation das „innere Loslassen" üben und sich vor Augen halten, dass es nicht allein vom eigenen Willen abhängt, ob Dinge sich verwirklichen.

V. Übung:

Halten Sie sich an die Anweisungen zur Selbsthypnose in der Einleitung. Beruhigen Sie einige Minuten lang in entspannter Körperlage Ihre Atmung. Achten Sie dabei vor allem auf eine lange und langsame Ausatmung. Wenn Sie die tiefe Trance erreicht haben, sagen Sie innerlich laut:

„Ich halte mich mehr zurück und lasse die Dinge geschehen."

Wiederholen Sie diesen Satz im Abstand von etwa einer Minute vier- bis fünfmal und kommen Sie dann aus der Entspannung zurück. Die ganze Übung dauert etwa 10 Minuten. Sie sollte nach Möglichkeit mehrmals in der Woche wiederholt werden, damit die Selbstprogrammierung nachhaltig wirksam werden kann.

14.

Angst vor Konfrontation

I. Wer möchte nicht in einer Welt leben, in der dauerhaft Harmonie und Einverständnis herrschen. Manchmal gelingt es uns auch, für eine Weile in Frieden mit uns selbst und anderen zu sein. Aber in jedermanns Leben kommt einmal die Zeit, in der diese heile Welt aus der Balance gerät und neue Anforderungen an uns gestellt werden. Dann müssen wir vielleicht kämpfen, uns fremden Interessen verweigern und für unsere eigenen Bedürfnisse und Werte einstehen. Die Wirklichkeit zeigt uns auch immer wieder ihre disharmonischen, rauen Seiten, denn in ihr haben beide Pole, das Schöne und das Hässliche, der Frieden und der Kampf gleichermaßen ihren Platz. Einseitige Lebenseinstellungen sind, auch wenn sie aus der Biografie eines Individuums erklärbar sind, immer schädlich. Die Welt ist weder ein Kampfplatz noch ein Streichelzoo.

Ein übertriebenes Streben nach Harmonie zeugt von einer eingeschränkten Realitätswahrnehmung. Die Betreffenden wollen das Unangenehme, Störende nicht sehen, nicht wahrhaben und flüchten in Leugnung und Ablenkung. Anstatt Herausforderungen anzunehmen und sich ihnen zu stellen, weichen sie zur Seite aus und gehen Konflikten aus dem Weg. Dass die auf diesem Wege erzeugte Scheinharmonie dann mit erheblicher Energie aufrecht erhalten werden muss, ist der Preis, den man für diese Strategie zahlen muss. Im Laufe der Zeit häufen sich immer mehr ungelöste Probleme, vertagte Entscheidungen und schwelende Konflikte an. Das führt dazu, dass die Betreffenden den Kontakt zu ihren wirklichen Bedürfnissen und zu ihrer eigentlichen Persönlichkeit mehr und mehr verlieren. Wo manche Menschen von Termin zu Termin hetzen und von ihren Aufgaben durchs Leben getrieben werden, haben allzu Harmoniebedürftige das entgegengesetzte Problem, sie haben alle Hände voll mit ihren Ausweichmanövern, Vermeidungen und Aufschiebungen zu tun. Der Verlust der Selbststeuerung hat dann nicht nur Auswirkungen auf sie selbst, sondern auf all ihre sozialen Beziehungen. Freunde und Verwandte, also Menschen, die den Betreffenden schon lange kennen, werden merken, dass mit ihm etwas nicht stimmt, dass er uns etwas vormacht, wenn er sagt, dass bei ihm alles zum Besten steht. Sie merken, dass er zu einem Schauspieler geworden ist, der Lebensfreude und Optimismus wie Laternen vor sich herträgt, dem Leben aber nicht aufrichtig gegenübersteht.

II. Wer in Krisenzeiten nicht adäquat reagiert und sich auf neue Situationen nicht einstellt, tendiert dazu, die negativen Seiten geistig abzuspalten. Eine ehrliche Auseinandersetzung mit der Wirklichkeit und den Widrigkeiten des Alltagslebens unterbleibt. Möglicherweise ist der Mut sehr harmoniebedürftiger Menschen, den eigenen Bedürfnissen entsprechend zu handeln, früher oft mit Nichtbeachtung, Liebesentzug, Schimpftiraden und Ablehnung bestraft worden. Da diese Erfahrungen sehr schmerzlich und verletzend waren, gehen sie unbewusst davon aus, dass solche Reaktionen auch heute noch die Folge sein würden, wenn sie ihre Meinung äußern. Daher trauen sie sich nicht, ihren eigenen Impulsen zu folgen, verschweigen ihre wirklichen Wünsche und reden anderen nach dem Munde. Manche der Betreffenden tragen einen oberflächlichen Optimismus zur Schau, der auf andere seltsam unecht und eher aufgesetzt wirkt. Die Bagatellisierung der eigenen Probleme ist letztlich auf die Weigerung der Betroffen zurückzuführen, sich anderen zu öffnen.

Ausbleibende Selbsteinsicht und mangelnder Austausch mit anderen kann die Betreffenden anfällig für den Gebrauch von Drogen und Medikamenten machen. Hoher Zigarettenkonsum, Alkohol, Drogen oder Medikamente lenken vorübergehend von drängenden Entscheidungen ab, führen aber niemals zu persönlicher Urteilskraft und Ausgeglichenheit.

III. Wir dürfen die Schattenseiten des Lebens nicht leugnen und uns in Scheinharmonie flüchten. Es gibt kein Leben allein auf der Sonnenseite, es gibt nicht den ewigen Sieger oder immerwährende Harmonie und es wäre wohl auch nicht gut, wenn es das gäbe. Die Einheit des Seins, das All-Eine, umfasst beide Pole und bevorzugt weder den einen noch den anderen. Harmonie und Disharmonie bedingen einander wie lang und kurz oder hell und dunkel, das eine kann ohne das andere nicht sein. Wir müssen beide Seiten umfassen, das ist der beste Weg mit den Wechselfällen des Lebens umzugehen. In Zeiten der Harmonie und des Friedens genießen wir unser ruhig dahinfließendes Leben und in Zeiten von Streit und Disharmonie stellen wir uns den Dingen, die auf uns zukommen. In der Bhagavadgita, der heiligen Schrift der Hindus, steht: „Es ist besser, in der Erfüllung der eigenen Pflicht zu sterben, als in Furcht vor derselben zu leben."

IV. Wer sich vor Konfrontationen fürchtet, sollte:

■ prüfen, ob seine Befürchtungen überhaupt berechtigt sind. Droht wirklich ein Konflikt, wenn ich sage, was ich denke? Und wenn es zu einer Auseinandersetzung kommt, bin ich dann wirklich hilflos und unterlegen? Es könnte ja auch sein, dass ein ausgetragener Konflikt zur Klärung der Situation führt und dass es gut ist, ihn auszutragen.

■ auf keinen Fall der Gewohnheit nachgeben, Dissonanzen zu überdecken und ein Klima der Scheinharmonie zu schaffen. Lässt man sich auf einen Disput ein, ist es zunächst auch nicht so wichtig, ob man mit seinen Argumenten andere überzeugt und für sich gewinnt. Der Gewinn besteht darin, überhaupt zu seinen Vorstellungen zu stehen.

▪ sich auch einmal an Situationen erinnern, in denen er erfolgreich seine Interessen vertreten und durchgesetzt hat. Er wird sich dabei in Erinnerung rufen können, wie gut es sich angefühlt hat, zu sich zu stehen und sich nicht verbiegen zu lassen. Diese positive Energie kann erneut mobilisiert werden und dabei helfen, die Angst vor Zurückweisung und Kritik zu überwinden.

V. Übung:

Halten Sie sich an die Anweisungen zur Selbsthypnose in der Einleitung. Beruhigen Sie einige Minuten lang in entspannter Körperlage Ihre Atmung. Achten Sie dabei vor allem auf eine lange und langsame Ausatmung. Wenn Sie die tiefe Trance erreicht haben, sagen Sie innerlich laut:

> „Ich stelle mich meinem Schicksal,
> denn wo Licht ist,
> da muss auch Schatten sein."

Wiederholen Sie diesen Satz im Abstand von etwa einer Minute vier- bis fünfmal und kommen Sie dann aus der Entspannung zurück. Die ganze Übung dauert etwa 10 Minuten. Sie sollte nach Möglichkeit mehrmals in der Woche wiederholt werden, damit die Selbstprogrammierung nachhaltig wirksam werden kann.

15.

Immer in Sorge

I. Wir alle wissen, dass Angst viele Gesichter hat, aber im Wesentlichen lassen sich zwei Formen der Angst unterscheiden: die Zustandsangst und die Eigenschaftsangst. Als Zustandsangst bezeichnet man das Angstgefühl, das wir bei verschiedenen Gelegenheiten aktuell erleben. Wir erleben Angst, wenn bei einem Sonntagsspaziergang plötzlich ein bellender Hund auf uns zurennt oder wenn wir nachts durch einen Park gehen. Eigenschaftsangst hingegen ist ein Persönlichkeitszug, der mit erhöhter Angstbereitschaft einhergeht. Angstgefühle können bei den Betroffenen durch geringe, andere Menschen völlig kalt lassende Reize ausgelöst werden. Es handelt sich um eine diffuse Angst, die von ständiger Sorge begleitet wird. Wir sind in Sorge um die Angehörigen, die Gesundheit, den Weltfrieden, die Karriere und natürlich die Zukunft. Unbewusst glauben wir, dass wir unangenehme Ereignisse und Situationen in der Zukunft vermeiden können, wenn wir uns jetzt, in der Gegenwart, Sorgen machen.

Die Besorgtheit schleicht sich meist auf ganz leisen Sohlen in unser Leben. Wir sind eben noch gut gelaunt gewesen, dann haben wir in der Zeitung von vergifteten Lebensmitteln gelesen und sofort beginnen sich unsere Gedanken mehr und mehr mit der Möglichkeit einer Vergiftung zu beschäftigen. Ein Grummeln im Magen – das erste Symptom? Ein rauer Hals – typisch für diese Vergiftung? Schlägt das Herz noch normal?

Mehr als jemals zuvor sind wir heute einer Flut von Informationen ausgesetzt. Die meisten dieser Nachrichten beschreiben negative Ereignisse und Entwicklungen, weil sich, eine Eigenart der Medienwelt, nur mit solchen Nachrichten die Auflagen der Zeitungen und die Einschaltquoten der Fernsehprogramme steigern lassen. Gute Nachrichten fehlen weitgehend, denn in der Medienwelt heißt es wie eh und je: „Good news are bad news." Viele Menschen glauben nun irrtümlicherweise, dass die negativen, zerstörerischen Kräfte in der Welt unaufhaltsam auf dem Vormarsch sind und sie haben das Gefühl, ihnen weitgehend hilflos ausgeliefert zu sein. Warum aber perlen negative Meldungen an dem einen folgenlos ab, während andere ständig besorgt sind? Manche Menschen sind von besonderer Dünnhäutigkeit. Sie nehmen Signale aus ihrer Umgebung unmittelbarer, ungefilterter wahr als andere. Ihnen fehlt das sprichwörtliche „dicke Fell", das andere Menschen vor solchen Einflüssen schützt. Diese hohe Sensibilität hat zweifellos auch ihre guten Seiten, denn sie zeugt von besonderer Offenheit für die Geschehnisse in der Umgebung. Wer aber seine Aufmerksamkeit ständig nach außen richtet, dem droht der innere Halt verloren zu gehen.

Sind die Persönlichkeitsgrenzen zu durchlässig, werden unbewusst Gefühle, Gedanken und Befürchtungen aus dem Energiefeld der Umgebung aufgesogen. Da die Herkunft dieser Einflüsse nicht klar und ihre Zahl auch zu groß ist, können sie vom Verstand nicht eingeordnet und bearbeitet werden. Nun entstehen diffuse Angstgefühle und der Betroffene neigt zur Ausbildung von Angstfantasien. Bald fällt es immer schwerer zu unterscheiden, was real und was „nur" Fantasie ist. Auf diese Weise können recht bizarre Ängste das gesamte Leben beeinflussen und die Handlungsfähigkeit einschränken.

Von diffusen Ängsten sind besonders Kinder betroffen. Typisch sind hier Alpträume, Furcht vor der Dunkelheit und dem Alleinsein. Kinder verfügen noch nicht über ausgereifte Schutzmechanismen, wie sie Erwachsenen in der Regel zur Verfügung stehen.

II. Das Problem bei solchen, nicht genau fixierbaren Sorgen und Ängsten liegt in einer mangelhaften Abgrenzung von Innenwelt und Außenwelt. Die „Wände" zwischen dem psychischen Erleben der Betreffenden und der Welt um sie herum sind zu dünn und zu durchlässig. Tatsächlich ist das Bild eines Hauses, das über zu dünne Wände, undichte Fenster und schlecht schließende Türen verfügt, hier zutreffend. Es ist der Sinn eines Hauses, die Bewohner gegen Kälte, Nässe und Wind ausreichend zu schützen und darüber hinaus ein eigenes, den Bedürfnissen der Bewohner angemessenes Raumklima zu schaffen. Man muss auch im Bereich des seelischen Erlebens darauf achten, dass die eigenen „Wände" stark genug sind und man sollte seine Fenster und Türen nicht ständig offen stehen lassen. Das heißt, dass Ängste und Befürchtungen aus dem gesellschaftlichen und persönlichen Umfeld nicht einfach übernommen, sondern erst einmal kritisch betrachtet werden. Wendet sich wirklich immer alles nur zum Schlechten? Tritt immer das ein, was man am meisten fürchtet? Habe ich bei diesem oder jenem Problem wirklich keine Handlungsmöglichkeiten?

Ängstliche, von ständiger Sorge erfüllte Personen richten ihre Aufmerksamkeit mehr auf sich selbst, als auf die vor ihnen liegende Aufgabe. Sie erwägen intensiv alle Möglichkeiten des Misserfolgs, des Versagens und der Zurückweisung und vernachlässigen die Möglichkeit, Erfolg zu haben. In China sagt man: „Dass die Vögel der Sorge und des Kummers über deinem Haupt fliegen, kannst du nicht ändern. Aber dass sie Nester in deinem Haar bauen, das kannst du verhindern."

III. Die Verbindung zwischen dem Individuum und dem Weltganzen sowie das Vertrauen in die eigene Natur müssen wieder hergestellt werden. Es gilt, die Lebenswelt nicht nur als Ort von Bedrohungen und möglicher Katastrophen wahrzunehmen, sondern als Stätte der eigenen Selbstverwirklichung und Aktivität. Ein widerstandsfähiger Mensch sieht sich nicht als passiver Spielball der Ereignisse, sondern vielmehr als aktiver Gestalter des Geschehens. Man braucht nicht auf die ganz großen Akteure unserer

Zivilisation zu schauen, sondern kann auch in seiner jeweiligen Umgebung Menschen finden, die mit dem Leben, seinen Problemen und Chancen selbstbewusst und kreativ umgehen.

Was ist das Geheimnis solcher Lebensklugheit? Es liegt in der zeitweiligen Umkehr der Wahrnehmungsrichtung. Die ausgeprägt hohe Sensitivität muss von dem Betroffenen als besondere Gabe angesehen werden, die ihm Zugang zu emotionalen Ebenen verschafft, die vielen anderen verschlossen bleiben. Das Denken und die Sinne sollten nicht unablässig nach außen gerichtet sein, sondern nach innen gelenkt werden. Man schließe ganz bewusst die Türen und Fenster, lasse am besten sogar die Rolladen herunter und igele sich in seinen vier Wänden ein. Wir nennen diesen Vorgang Meditation. Meditative Entspannung führt das Bewusstsein in die Gegenwart und vermindert somit Befürchtungen, die in der Zukunft liegen. In der Stille der Meditation wird Angst abgebaut und die „Wände" verstärken sich von ganz allein. Auch die Fähigkeit zur Unterscheidung von bedrohlich und nicht-bedrohlich, wichtig und unwichtig nimmt mit der Zeit zu. Es braucht allerdings einige Zeit der Übung, bis sich die positiven Wirkungen der Meditation manifestieren. Aber schon das Gefühl, auf dem richtigen Weg zu sein, sorgt für mehr Ruhe und Ausgeglichenheit.

IV. Wer sich ständig Sorgen macht, sollte:

- sich an Buddhas Worte erinnern: Alle Elemente des Körpers, des Geistes und dieser Welt sind ständig dem Wandel unterworfen, sie unterliegen Geburt, Verfall und Tod.

- sich vergegenwärtigen, dass sich das Befürchtete durch Grübeln nicht abwenden lässt. Ganz im Gegenteil: Die Angst vorher ist oft schlimmer als das Ergebnis selbst. Sorgen haben keinen vorbeugenden Wert.

- versuchen, die vermeintliche Bedrohung realistisch einzuschätzen. Wie gefährlich ist die befürchtete Bedrohung im Vergleich zu sonstigen Risiken, denen ich täglich ausgesetzt bin? An Vogelgrippe oder an Rinderwahnsinn zu erkranken ist wesentlich unwahrscheinlicher, als im Haushalt zu verunglücken.

V. Übung:

Halten Sie sich an die Anweisungen zur Selbsthypnose in der Einleitung. Beruhigen Sie einige Minuten lang in entspannter Körperlage Ihre Atmung. Achten Sie dabei vor allem auf eine lange und langsame Ausatmung. Wenn Sie die tiefe Trance erreicht haben, sagen Sie innerlich laut:

„Ich bin frei von Angst und Sorgen."

Wiederholen Sie diesen Satz im Abstand von etwa einer Minute vier- bis fünfmal und kommen Sie dann aus der Entspannung zurück. Die ganze Übung dauert etwa 10 Minuten. Sie sollte nach Möglichkeit mehrmals in der Woche wiederholt werden, damit die Selbstprogrammierung nachhaltig wirksam werden kann.

16.
Konkrete Ängste

I. Ging es im vorigen Kapitel um alltägliche Sorgen und diffuse Ängste, die undefinierbar sind, so soll jetzt von konkret benennbaren Ängsten die Rede sein. Wenn wir erst einmal innerlich bereit sind, Ängsten in unserem Leben Raum zu geben, dann sehen wir uns einer solchen Vielfalt potentieller Bedrohungen ausgesetzt, dass uns schwindelig werden kann. Da gibt es die Angst vor Krebs, vor schwerer Krankheit allgemein, vor Dunkelheit, vor dem Alleinsein, dem Alter, vor Spinnen, Hunden, Mäusen und anderem Getier, vor Fahrstühlen, vor Rolltreppen, vor weiten Plätzen, vor Unfällen und natürlich die Angst vor dem Tod. Angst hat viele Gesichter, sie kann zu Recht auftauchen oder unbegründet sein. Wenn das angstauslösende Moment und die Angstreaktion in einem krassen Missverhältnis stehen, dann sollten wir einsehen, dass wir ein Problem haben mit dem wir uns beschäftigen müssen.

Unser aller Leben ist immer unsicher und gefährdet, jeden Tag und jede Stunde kann uns etwas zustoßen. Wir können niemals morgens wissen, ob wir am Abend noch gesund und körperlich unversehrt sein werden. Seelisch robuste und optimistisch orientierte Menschen gehen einfach davon aus, dass es so sein wird. Sehr sensible und feinsinnige Personen zweifeln schon eher an dieser optimistischen Hypothese. Aufgrund ihrer eigenen hohen Empfindsamkeit, gepaart mit einem Gefühl körperlicher Zerbrechlichkeit, liegt oft schon ihr bloßes Dasein wie eine Last auf ihnen. Sie leben in einer für die meisten Mitmenschen nur schwer nachvollziehbaren Leidenserwartung, denn wo immer sie auch hinschauen, überall lauern Gefahren. Auch hinter offensichtlich irrationalen Ängsten, wie der Angst vor Spinnen, Mäusen, dem Aufenthalt in Fahrstühlen oder auf weiten Plätzen steckt eine tiefere Ursache. Letztlich ist es die Angst vor dem Leben selbst, die die Grundlage für die verschiedenen spezifischen Ängste bildet, die man bei ängstlichen Menschen beobachten kann.

Menschen, die unter Ängsten leiden sind oft zart gebaut und auch körperlich sehr empfindlich. In ihrem Verhalten wirken sie zurückhaltend, manchmal scheu und schüchtern. Sie ziehen sich gerne zurück, brauchen viel Raum und Zeit für sich allein. Da sie mit feineren Antennen ausgestattet sind als ihre Mitmenschen, können sie Disharmonien in ihrer Umgebung schlecht verkraften. Schnell wird ihnen alles zuviel, das kann Lärm sein, unangemeldeter Besuch, aber auch grelles Licht, Kälte oder Grillfeste in der Nachbarschaft. Werden solche Menschen unter Druck gesetzt oder fühlen sie sich unverstanden, reagieren sie mit Ängsten oder körperlicher Krankheit.

II. Nach buddhistischer Auffassung resultieren alle Ängste letztlich aus einer grundlegenden Lebensangst heraus. Diese Grundangst, die man kurz als ein Gefühl der Hilflosigkeit gegenüber einer feindlichen und übermächtigen Umwelt beschreiben kann, ist bei vielen Menschen latent vorhanden, sie kann aber auch in gesteigerter Form präsent sein. In der Regel wirkt diese Grundangst im Verborgenen, da sie unbewusst ist, aber konkrete Ängste zeigen sich unverhüllt: Gewitterangst, Platzangst, Angst vor Ansteckung, Examensangst, Flugangst usw. Es ist in der Persönlichkeit eines Menschen angelegt, warum er gerade diese oder jene spezielle Angst entwickelt hat, aber ohne die Auflösung der grundlegenden Lebensangst kann keine dauerhafte Heilung erfolgen.

Die Beschäftigung mit der existentiellen Grundangst führt in spirituell-religiöse Dimensionen. Wenn sich der Mensch vom quellenden Urgrund des Seins abgetrennt fühlt, steigt die Angst vor dem Leben und vor dem Tod bedrohlich in ihm auf. Der tragende Urgrund wird nicht wahrgenommen oder vom Verstand geleugnet. Der rationalen Sichtweise entsprechen dann Bewegungen nach außen, um die existentielle Haltlosigkeit in den Griff zu bekommen. Aber nur durch die Umkehr der Blickrichtung, also eine Wendung nach innen, lassen sich tiefe, existentielle Ängste wirklich auflösen.

III. Zu Ängsten neigende Menschen sollten zu ihrer sensiblen seelischen und körperlichen Konstitution stehen und sich mit ihr arrangieren. Sie sollten sie als etwas durchaus Kostbares ansehen, denn sie brauchen viel weniger Reize und vor allem weniger starke Reize als andere Menschen, um etwas tief zu empfinden. Wichtig ist, wie gesagt, dass sie genügend Freiraum haben, um sich zurückziehen und regenerieren zu können. Orte und Situationen, die ihnen zuviel abverlangen, werden sie ganz von alleine meiden, denn sie spüren die Überforderung sehr früh.

Sich konkret mit dem Phänomen Angst auseinanderzusetzen ist eine wichtige Aufgabe für ängstliche Menschen. Sie müssen erkennen, dass Leugnung, Bagatellisierung und Vermeidungsverhalten auf Dauer keine Lösung sind. Vor allem muss die im Untergrund wirkende Lebensangst als Auslöser aller spezifischen Ängste erkannt und bearbeitet werden. Geschieht das nicht, besteht die Gefahr, dass sich die angstauslösenden Objekte nur abwechseln, sich die Angst in immer neuen Gesichtern zeigt. Dazu gehören auch körperliche Beschwerden, die mit dem Phänomen Angst auf den ersten Blick nichts zu tun haben.

Aus buddhistischer Sicht ist die Quelle unserer Angst letztlich der Glaube an die Existenz eines isolierten Ich, mit dem wir uns identifizieren. Dieses Einzel-Ich muss sich, da von unbekannter Hand ins Dasein geworfen, schwach und verletzlich, in einer feindlich gesinnten Umgebung behaupten. Es muss immer aufmerksam und kampfbereit sein. Aber alle spirituellen Traditionen bestreiten, dass es ein solches Ich wirklich gibt. Wenn es uns gelingt, diese Ich-Illusion zu durchschauen und den Glauben an eine isolierte Existenz zu überwinden, dann verschwindet auch die Angst. Wenn wir die ganze Welt als unser Selbst ansehen, dann gibt es nichts mehr, vor dem wir uns fürchten müssen, weil es nichts mehr gibt, das außerhalb von uns existiert. Ein hoher Anspruch, sicher, aber Furchtlosigkeit ist durch konsequent geübte Meditation durchaus zu erreichen.

IV. Wer sich schnell ängstigt, sollte:

- sich meditierend dem All-Einen als Urgrund allen Lebens anvertrauen und somit Vertrauen und Zuversicht zurückgewinnen.

- seine körperliche und seelische Konstitution durch aktive Teilnahme am sozialen Leben stärken. Ehrenamtliche Arbeit in einer Hilfsorganisation wäre eine gute Möglichkeit, um die Verbundenheit mit allem Lebendigen zu spüren.

- harmonisierende Übungen wie Tai-Chi oder Chi-Gong betreiben.

V. Übung:

Halten Sie sich an die Anweisungen zur Selbsthypnose in der Einleitung. Beruhigen Sie einige Minuten lang in entspannter Körperlage Ihre Atmung. Achten Sie dabei vor allem auf eine lange und langsame Ausatmung. Wenn Sie die tiefe Trance erreicht haben, sagen Sie innerlich laut:

„Ich vertraue dem tragenden Grund."

Wiederholen Sie diesen Satz im Abstand von etwa einer Minute vier- bis fünfmal und kommen Sie dann aus der Entspannung zurück. Die ganze Übung dauert etwa 10 Minuten. Sie sollte nach Möglichkeit mehrmals in der Woche wiederholt werden, damit die Selbstprogrammierung nachhaltig wirksam werden kann.

17.
Panische Angst

I. Panische Angst entsteht in Momenten akuter Bedrohung. Sie lässt das Herz schneller schlagen, schnürt die Kehle zu und treibt kalten Schweiß auf die Stirn. Der Körper ist gespannt und der Geist hochgradig erregt. Es herrscht höchste Alarmstufe, bei der enorme Energien bereitgestellt werden, die bei Gefahr abgerufen werden können. Einen Menschen, der in einem solchen Zustand verharrt, kann man kaum noch ansprechen und beruhigen, so sehr ist er von seinen Stresshormonen überflutet. Nicht mehr sein urteilender, abwägender Geist steuert das Verhalten, sondern ein noch aus der Frühzeit der Menschheitsentwicklung stammendes Lebensrettungsprogramm.

Wenn man sich einer realen Gefahr gegenübersieht, etwa wenn beim spazieren gehen plötzlich ein bellender Hund auf uns zukommt, dann ist eine Angstreaktion, wie sie oben beschrieben wurde, angemessen. Ebenso verhält es sich in anderen Krisensituationen, wie etwa Unfällen und Überfällen. Panische Angst tritt in solchen Ausnahmesituationen auf und jeder wird sie, zumindest ansatzweise, auch kennen. Der Zweck dieser plötzlich auftretenden Angst ist, wie oben schon angedeutet, die Bereitstellung aller möglichen Kräfte, um Leib und Leben zu retten. Angst und Panik sind also durchaus normale menschliche Reaktionen.

Manche Menschen geraten viel schneller in akute Angstzu-
stände als andere, sind empfänglicher für angstauslösende Signale. Schon bei familiärer oder beruflicher Überforderung stellen
sich Angst und Panik ein und die Betroffenen können dann keinen klaren Gedanken mehr fassen. Manche saugen Stimmungen
aus ihrer sozialen Umgebung wie ein Schwamm auf und machen
sich diese zu eigen. Sie lassen sich von der Hektik und Nervosität
anderer „anstecken". Treten Angst und Panik aber ohne äußere,
nachvollziehbare Ereignisse auf, dann ist das seelische Gleichgewicht aus der Balance. Panikanfälle überkommen die Betreffenden
ganz plötzlich, wobei sich Angstgefühle und körperliche Symptome wie Herzrasen, Atemnot, Schwindel oder Übelkeit bis hin
zu Todesangst hochschaukeln. Die körperlichen Symptome „be-
weisen" dem Betroffenen, dass er schwer krank ist und wirklich
große Gefahr besteht. Tatsächlich aber ist in der Regel organisch
alles mit der Person in Ordnung. Das tatsächliche Problem ist die
unvermittelt auftretende Todesangst.

Eine unangenehme Folgeerscheinung von Panikattacken ist
die Furcht vor einem neuen Panikanfall. Aus dieser „Angst vor der
Angst" meiden die Betreffenden Situationen, von denen sie meinen, dass sie zu einem neuen Anfall führen könnten. Dieses Vermeidungsverhalten führt dazu, dass sich der Aktionsradius immer
mehr einengt, da immer weitere Situationen und Orte als poten-
tielle Gefahrenquelle ausgeschlossen werden müssen.

II. Die Ursachen für Angst und Panik sind vielfältig, aber in der
Regel sind Menschen davon betroffen, die nervlich schnell an ihre
Grenzen gelangen. Im Hintergrund kann eine unglückliche Kindheit oder Jugend stehen, eine seit langem nicht mehr erfüllende Beziehung, berufliche Überforderung oder langjähriger Konsum von
Drogen. Es sind vor allem belastende Zustände, die über lange Zeit
bestanden haben, die im Stande sind, die innere Widerstandskraft
nachhaltig zu schwächen. Es kann aber auch sein, dass man mit
einem besonders empfindlichen Nervenkostüm auf die Welt gekommen ist und sich die Suche nach Ursachen als sinnlos erweist.

Unter Umständen kann es sinnvoll sein, sich zu fragen, ob die Angst vielleicht eine bestimmte Funktion im Leben erfüllt und deshalb am Leben erhalten wird. So kann Angst als Grund dafür herhalten, bestimmte, eher unangenehme Aufgaben nicht übernehmen zu müssen oder sie kann dazu dienen, sich der permanenten Aufmerksamkeit der anderen zu versichern. Aber auch wenn das nach kluger Strategie klingt, ist es nicht so. Die Vorgänge vollziehen sich unbewusst und die Angst ist tatsächlich vorhanden.

III. Innerlich aufbauende, zu mehr Ausgeglichenheit und mentaler Stärke führende Praktiken wie Meditation, Tai-Chi oder Yoga sind das Mittel der Wahl. Vor allem Atemübungen sind wichtig, denn bei allen Formen von Angst ist sofort eine Beschleunigung und Verflachung der Atmung zu beobachten. Tiefenatmung und Angst vertragen sich nicht, schließen sich sogar aus.

Unter Umständen ist es notwendig, den Hintergrund der Angststörung zu ergründen, denn dem Beginn einer Panikstörung gehen oft Lebensbelastungen wie etwa Schulden, Beziehungskrisen oder Krankheiten voraus. Zur Aufarbeitung der Lebenssituation ist eine Psychotherapie am sinnvollsten. Das Gespräch mit guten Freunden kann hilfreich sein, führt aber meistens aufgrund fehlenden Fachwissens, nicht zu den wirklichen Angst auslösenden Faktoren.

IV. Wer unter Angst und Panikanfällen leidet, sollte

- wissen, dass Panikattacken, so lebensbedrohlich sie auch erscheinen mögen, im Prinzip völlig harmlos sind. Sie klingen nach nur wenigen Minuten von allein wieder ab.

- auf Kaffee und Nikotin verzichten und stattdessen auf gesunde, nervenstärkende Ernährung (Omega 3 Fettsäuren) achten. Omega 3 Fettsäuren sind in fettem Fisch wie Lachs oder Makrele enthalten. Vegetarier können auf Buchweizenprodukte ausweichen.

◼ Dinge tun, die Mut erfordern, aber nicht wirklich gefährlich sind (z. B. Turmspringen im Schwimmbad)

◼ sich unbedingt professionelle Hilfe suchen, wenn die hier vorgestellten Maßnahmen nicht helfen.

V. Übung:

Halten Sie sich an die Anweisungen zur Selbsthypnose in der Einleitung. Beruhigen Sie einige Minuten lang in entspannter Körperlage Ihre Atmung. Achten Sie dabei vor allem auf eine lange und langsame Ausatmung. Wenn Sie die tiefe Trance erreicht haben, sagen Sie innerlich laut:

„Ruhe und Kraft strömen durch mich hindurch."

Wiederholen Sie diesen Satz im Abstand von etwa einer Minute vier- bis fünfmal und kommen Sie dann aus der Entspannung zurück. Die ganze Übung dauert etwa 10 Minuten. Sie sollte nach Möglichkeit mehrmals in der Woche wiederholt werden, damit die Selbstprogrammierung nachhaltig wirksam werden kann.

18.
Kritiksucht und Intoleranz

I. Wohl jeder kennt aus seiner näheren Umgebung Menschen, die in ihren Urteilen wenig Raum für Zwischentöne lassen, die sehr offensiv argumentieren und mitleidlos über andere urteilen. Sie neigen zur Verschärfung von Gegensätzen und zum Schwarz-Weiß-Denken. Da ihr vorherrschender geistiger Modus der der Vereinfachung ist, sind sie besonders anfällig für die Übernahme von Vorurteilen. Oft hört man von Menschen, die von Kritiksucht und Intoleranz durchdrungen sind, Sätze wie „sollte man am Besten ganz verbieten", „versteht doch kein Mensch", „hat dort überhaupt nichts zu suchen". Sie lieben es, „keine halben Sachen zu machen", „auszumerzen", „durchzugreifen" und überhaupt jegliches Problem „ein für alle Mal" zu lösen. Diese Kasernenhofmentalität macht das Zusammenleben mit ihnen in der Regel schwer. In der Kindererziehung oder Partnerschaft lassen sich viele Konflikte und Herausforderungen nur mit Geduld und Hintanstellung der eigenen Prioritäten bewältigen. Mit Druck und Rigidität kann man Konflikte oft nur unterdrücken, aber nicht lösen. Diplomatisches Geschick und ehrliches Abwägen der Argumente eines anderen ist den Betreffenden jedoch fremd. Sie sind nicht in der Lage, ihre Sichtweise als solche zu erkennen und erheben sie zum absoluten Maßstab. Widerspruch läuft auf Gegnerschaft hinaus. So werden weder auf spiritueller noch auf sozialer Ebene Energien ausgetauscht und die Persönlichkeit erstarrt und verhärtet immer mehr.

Menschen, die unablässig in der oben beschriebenen Weise durchs Leben gehen, leiden häufig, parallel zu ihren geistigen Verhärtungen, unter Muskelverspannungen, verengten Herzgefäßen und Verdauungsproblemen.

Aber nicht nur andere, auch wir selbst bewegen uns, wenn wir ehrlich sind, gar nicht so selten in dieser Geisteshaltung. Wer hat nicht auch schon einmal hart und übermäßig streng über andere geurteilt, ohne deren Motive ergründet und sich in deren Gefühle hineinversetzt zu haben? Wer hat nicht auch schon einmal einen Mitmenschen nach Kriterien durchleuchtet, denen er selbst nicht standhalten könnte? Schon Buddha kannte die Neigung vieler Menschen, über andere zu urteilen und sie zu verurteilen. In den Lehrreden Buddhas (Anguttara-Niakaya 4:73) heißt es: „An vier Eigenschaften kann man einen unreifen Menschen erkennen: Über die Fehler von anderen spricht der unreife Mensch gern, auch wenn man ihn gar nicht danach gefragt hat. Aber wenn er gefragt wird, dann geht er in alle Einzelheiten, um die Fehler und Schwächen seiner Mitmenschen aufzudecken. Was andere an Vorzügen haben, das verschweigt er und wenn man ihn danach fragt, so fällt ihm dazu kaum etwas ein. Seine eigenen Fehler und Schwächen enthüllt er nicht, und wenn man ihn danach fragt, weicht er geschickt aus und möchte nicht darüber sprechen. Aber dafür ist er umso mehr bereit, über seine Vorzüge zu sprechen, auch wenn man ihn gar nicht danach gefragt hat. Fragt man ihn aber nach seinen Vorzügen, dann legt er sie einem liebevoll und ausführlich dar." Es versteht sich von selbst, dass sich die vier Eigenschaften eines reifen Menschen auf der gegenüberliegenden Seite des Spektrums befinden. „An vier Eigenschaften kann man einen reifen Menschen erkennen: Er liebt es nicht, über die Fehler anderer zu sprechen, und wenn danach gefragt wird, so zögert er und wird nur widerwillig darüber reden. Über das Gute in anderen Menschen spricht er aber gern und wenn man ihn danach fragt, so gibt er gerne ausführlich Auskunft. Über seine eigenen Fehler spricht er ganz offen, und wenn man ihn danach fragt, so ist er durchaus bereit, ausführlich darüber zu sprechen. Aber seine positiven Seiten stellt er nicht heraus, und wenn danach gefragt wird, so fällt ihm kaum etwas dazu ein."

II. Übermäßig kritische Charaktere kommen nicht damit zurecht, dass ihre Mitmenschen anders sind und anders denken und empfinden. Es fällt ihnen schwer, zu erkennen, dass Ereignisse, Dinge und Menschen sowohl gute als auch schlechte Seiten haben und streben deshalb nach einer Vollkommenheit, die alle negativen Aspekte ausklammern will. Daher sind solche Menschen vor allem auf die Fehler und Schwächen ihrer Mitmenschen fixiert, die sie gerne rasch, unaufgefordert und oft auch unverhältnismäßig heftig kritisieren. Die Einsicht, dass auch Unzulänglichkeiten und Niederlagen zum Leben gehören, fehlt ihnen ebenso wie die Einsicht, dass auch sie selbst nicht perfekt und ideal sind. Daher sagt man: „Richte nicht, damit du nicht gerichtet wirst!"

III. Wer Probleme mit Kritiksucht und Intoleranz hat, muss sich von der einseitigen Fixierung auf seine persönlichen Wertmaßstäbe lösen und bewusst die genau gegenteiligen Geisteshaltungen einüben, nämlich Mitgefühl, Liebe und Toleranz. Er muss zu der Einsicht kommen, dass seine für absolut gehaltenen Beurteilungsmaßstäbe durch nichts gerechtfertigt sind. Seine Meinung ist nicht objektiver oder wahrer als die von anderen, sie ist relativ wahr und auch nur eine unter vielen. Möglicherweise sieht er die Schwächen und Defizite anderer Menschen tatsächlich genauer als die meisten seiner Mitmenschen, aber ist man selber fehlerlos und immer im Recht?

Sollte Kritik wirklich nötig sein, was ja schließlich durchaus vorkommen kann, dann sollte man sie in eine milde, akzeptable Form kleiden. Die Kritik sollte sich aller Generalisierungen wie „Das machen Sie immer so!", „Die sind doch alle gleich!" oder ähnlichem enthalten und präzise den beanstandeten Sachverhalt benennen. Man sollte sich angewöhnen, nicht immer gleich alles einzureißen, sondern neben dem, was man für falsch hält, auch etwas Positives stehen lassen. So baut man eine Brücke zum anderen.

Sicher ist eine differenzierte Sicht anspruchsvoller und anstrengender, aber nur sie verschafft uns Zugang zum Wesen unserer Mitmenschen. Im Zen lehren die Meister seit jeher, dass unser persönliches Denken aus Wissensbruchstücken besteht. Dabei spielt es keine Rolle, ob jemand sehr viel oder sehr wenig weiß – es bleiben Bruchstücke. Das Faktenwissen eines Landarbeiters und das eines Universitätsprofessors mag sehr unterschiedlich sein, bei dem Einen setzt sich sein Weltbild aus wenigen und bei dem anderen aus sehr vielen Wissenssplittern zusammen. Erst jenseits von Meinungen ist man auf dem Weg zum Erwachen, und nur wer frei von allen Meinungen ist, wird auf dem spirituellen Weg wirklich Fortschritte machen. Das „Ganze", das Umfassende oder All-Eine lässt sich nicht gedanklich, sondern nur kontemplativ erfassen, da es sich nicht aus Wissenssplittern zusammensetzt.

IV. Wer zu Kritiksucht und Intoleranz neigt, sollte

- wissen, dass Kritik immer auf einen selbst zurückfällt. Daher sollte man immer erst vor der eigenen Tür kehren, ehe man anfängt, andere zu verbessern.

- üben, sich selbst und die Welt so zu sehen und zu nehmen, wie sie ist, d.h. ohne moralische oder idealisierende Bewertung.

- sich angewöhnen, immer auch die Gegenmeinung anzuhören und gelten zu lassen, denn selten sind Dinge nur einfach richtig oder falsch, gut oder schlecht.

- andere Menschen durch Kritik nicht abwerten, um das eigene Ich zu stärken.

V. Übung:

Halten Sie sich an die Anweisungen zur Selbsthypnose in der Einleitung. Beruhigen Sie einige Minuten lang in entspannter Körperlage Ihre Atmung. Achten Sie dabei vor allem auf eine lange und

langsame Ausatmung. Wenn Sie die tiefe Trance erreicht haben, sagen Sie innerlich laut:

„Anderen gegenüber bin ich geduldig und tolerant."

Wiederholen Sie diesen Satz im Abstand von etwa einer Minute vier- bis fünfmal und kommen Sie dann aus der Entspannung zurück. Die ganze Übung dauert etwa 10 Minuten. Sie sollte nach Möglichkeit mehrmals in der Woche wiederholt werden, damit die Selbstprogrammierung nachhaltig wirksam werden kann.

19.

Unterdrückte Gefühle

I. Was lieben wir so an Kindern und Tieren? Wir mögen an ihnen, dass sie ihre Gefühle spontan und unverfälscht zum Ausdruck bringen. Sie verbergen nichts und sie schauspielern nicht. Sigmund Freud, der zwei Chow-Chows besaß, die er sehr liebte, sagte über die Beziehung des Menschen zu Tieren, sie sei „die Vereinfachung". Erwachsene Menschen sind wesentlich komplizierter. Obwohl auch sie den Impuls zu spontanem und direktem Gefühlsausdruck verspüren, haben sie gelernt, dass es nicht immer von Vorteil für sie ist. Menschen, denen man so etwas wie eine „kindliche Freude" ansieht, gelten schnell als naiv und unreif. Als Ideal reifen Verhaltens gilt heute vor allem das „Cool-Sein". Wer cool ist, zeigt seine Emotionen nicht und bleibt in allen Situationen kontrolliert. Damit signalisiert er seiner Umgebung Distanzierung und Überlegenheit. Beim Kartenspiel oder bei harten Geschäftsverhandlungen mag ein Pokerface durchaus seine Berechtigung haben, aber man sollte sich nicht angewöhnen, es auch in seiner engsten Umgebung aufzusetzen. Man braucht unbedingt auch Lebensbereiche, in denen man seinen Gefühlen und Impulsen unverfälscht Ausdruck verleihen kann, ohne mit negativen Reaktionen rechnen zu müssen.

Wer schon sehr früh in seinem Leben die Erfahrung gemacht hat, dass es Nachteile bringt, seine Gefühle spontan zu zeigen, der hat gelernt, seine Empfindungen zu unterdrücken. Mit der Zeit stauen sie sich auf und erzeugen einen hohen Gefühlsdruck, der sich aus geringen Anlässen entladen kann. In heftigen Wutausbrüchen, die sich unter Umständen am völlig falschen Ort ereignen, werden hässliche Worte gebraucht und manchmal sogar Gegenstände durch die Gegend geworfen. Wenn der Wutanfall abebbt, geht er häufig in einen heftigen Weinkrampf über. Da diese Wutausbrüche dem auslösenden Ereignis gegenüber nicht angemessen sind und in der jeweiligen Situation Irritation auslösen, handeln sich die Betreffenden den Ruf ein, launisch und unberechenbar zu sein. Freunde und Bekannte ziehen sich vielleicht nicht ganz von ihnen zurück, aber überlegen sich genau, wann und zu welchen Anlässen sie sie einladen. Merkt der Betreffende, dass man ihm aus dem Weg geht und dass mehr über ihn als mit ihm gesprochen wird, misstraut er seinem Gefühlsleben noch mehr und verstärkt seine Bemühungen, Gefühle zu unterdrücken. Das kann soweit gehen, dass der aufgestaute Innendruck so stark wird, dass Menschen Mord- und Rachefantasien hegen. Einige wenige sind tatsächlich tickende Zeitbomben, hochgefährlich für sich selbst und andere, da sie jederzeit ihre Selbstkontrolle verlieren können. Wenn wir solchen Menschen begegnen, sollten wir uns bemühen, sie aufgeschlossen für eine psychotherapeutische Behandlung zu machen.

II. Bei Menschen, die ihre Gefühle unterdrücken, ist der Kontakt zum Unbewussten gestört. Da der Verstand die Kontrolle über alle Lebensaspekte erringen möchte, werden aus dem Unterbewusstsein aufsteigende Regungen, positive wie negative, verdrängt. Dadurch entsteht ein Emotionsstau, der sich schon bei geringen Anlässen entladen kann.

Es gibt verschiedene Gründe für ein blockiertes Gefühlsleben. Erziehung und Elternhaus spielen oft eine große Rolle, aber auch gesellschaftliche und religiöse Zwänge oder auch traumatische Erfahrungen können dafür verantwortlich sein.

Ängste sind bei gefühlsblockierten Menschen eigentlich immer im Spiel: die Angst innerlich loszulassen, die Angst, den

Verstand zu verlieren und die Angst vor spontanen Kurzschluss-handlungen. Aber die grundlegende Angst der Person liegt darin, sich ihrem natürlichen Entwicklungsprozess zu öffnen und dem natürlichen Fluss der Dinge zu folgen.

III. In der Natur ist alles so schön, weil es identisch ist mit dem, was es tatsächlich ist. Die Natur zeigt immer ihr wahres Gesicht, sie kennt keine Masken und keine Verstellungen. Das einzige Lebewesen, dass in dieser Hinsicht aus der Natur herausfällt ist der Mensch. Er muss lernen, seine Gefühle rechtzeitig und angemessen zum Ausdruck zu bringen, nur dann fühlt er sich wohl und kommt mit seinen Mitmenschen gut aus. Gefühle sind ein wichtiger, unverzichtbarer Ausdruck menschlicher Lebenskraft. Ohne Gefühle droht das Leben eine nüchterne und traurige Veranstaltung zu werden. Man sollte sich seiner Gefühlswelt liebevoll zuwenden und Vertrauen in sie haben, denn Gefühle steuern uns besser und sicherer durch unser Leben als unser Verstand. Wer mit sich in Einklang gekommen ist, ein wesentliches Element aller spirituellen Wege, der verfügt über große Kraft und kann auch härtesten Belastungen standhalten.

Im Zen gibt es den Hinweis, dass man „einem wütenden Büffel eine große Wiese geben soll". Im engen Stall wird er toben und kurz und klein treten, was ihm unter die Hufe gerät, aber auf einer weitläufigen Wiese wird er sein unruhiges Gebaren sehr schnell einstellen. Es gibt nichts, wogegen er treten könnte und vom Hin- und Herrennen wird er bald erschöpft sein. In diesem Sinne ist es auch für innerlich angespannte Menschen gut, nach draußen zu gehen und sich dort ausgiebig zu bewegen. Ein langer Spaziergang kann schon sehr heilsam sein. Im übertragenen Sinn ist auch das Erlebnis der Meditation eine große, weite Wiese. Während der Meditation können alle Emotionen ungehindert aufsteigen und sich im Inneren bemerkbar machen. Nicht immer wird ein Übender nur liebevolle Gedanken hervorbringen und ein großartiges Gefühl von Weite erleben. Gar nicht so selten treten auch negative Emotionen in den Vordergrund: Rachegedanken, Wut,

Ärger, Eifersucht und Neid. Diesen Gefühlen muss, nicht anders als positiven Emotionen, Raum gelassen werden, denn nur durch Bewusstwerdung kann man sie überwinden und zu geistiger Klarheit finden.

Buddha legte dar, dass es drei Arten von Menschen gibt. Da sind zunächst einmal jene, die wie Buchstaben in Stein gehauen sind. Wenn sie zornig werden, dann bewahren sie ihre bösen Gedanken lange im Gedächtnis. Dann sind da jene, die wie Buchstaben in Sand geschrieben sind. Auch sie können zornig werden, aber ihre bösen Gedanken halten nicht lange an. Und schließlich gibt es jene Menschen, die wie Buchstaben in fließendes Wasser geschrieben sind. Sie bewahren ihre flüchtigen Gedanken nicht auf, lassen Beschimpfungen, Hass und üble Nachrede unbemerkt an sich vorbeiziehen. Ihr Geist bleibt daher immer klar und ungestört.

IV. Wer unter blockierten Gefühlen leidet, sollte

- dafür sorgen, dass der Fluss des Lebens wieder ungestört fließen kann. Die wichtigste Übung, um das zu erreichen, ist das innere Loslassen. Dieses Loslassen kann man aktiv üben. Wenn Sie sich das nächste mal über jemanden ärgern, dann schauen Sie sich die in Ihnen aufsteigenden Impulse genau an, aber reagieren Sie nicht wie gewohnt. Schimpfen Sie laut, wenn es Ihnen gut tut, aber zeigen Sie keine Faust. Lassen Sie den anderen „ungestraft" davonfahren und versuchen Sie sich dann von dem Vorfall zu lösen. Unterdrücken Sie Ihre Wut, Ihren Jähzorn, Ihr Gefühl nicht, aber betrachten Sie diese Impulse, als wären es die Gefühle eines anderen.

- sich durch Reden innerlich erleichtern. Man kann einen guten Freund oder eine gute Freundin anrufen und ihm oder ihr genau erzählen, was einen bewegt oder bedrückt. Wenn es ein guter Freund ist, wird er schnell verstehen, was in einem vor sich geht und bereitwillig zuhören.

V. Übung:

Halten Sie sich an die Anweisungen zur Selbsthypnose in der Einleitung. Beruhigen Sie einige Minuten lang in entspannter Körperlage Ihre Atmung. Achten Sie dabei vor allem auf eine lange und langsame Ausatmung. Wenn Sie die tiefe Trance erreicht haben, sagen Sie innerlich laut:

**„Meine Gefühle und mein Verstand
bilden eine harmonische Einheit."**

Wiederholen Sie diesen Satz im Abstand von etwa einer Minute vier- bis fünfmal und kommen Sie dann aus der Entspannung zurück. Die ganze Übung dauert etwa 10 Minuten. Sie sollte nach Möglichkeit mehrmals in der Woche wiederholt werden, damit die Selbstprogrammierung nachhaltig wirksam werden kann.

20.

Hunger nach Lob und Ruhm

I. Indem die soziale Umgebung uns Anerkennung, Achtung, Liebe, Lob, Verehrung, Ruhm, Bewunderung, Beifall beschert oder verwehrt, bejaht oder verneint sie unseren Selbstwert. Es ist zwar nicht objektiv feststellbar, aber wir wissen in der Regel ganz gut, ob wir beliebt oder unbeliebt sind, ob man unsere Gegenwart sucht und schätzt oder meidet. Wir wissen auch, dass manche Personen das Ansehen, das ihnen ihre Mitmenschen entgegenbringen überschätzen, manche hingegen unterschätzen. Ohnehin ist Beliebtheit kein sehr stabiler Wert, vielmehr korrigieren Signale aus unserer Mitwelt, wie Lob und Kritik, ständig unser Selbstwertempfinden, wenn wir für sie empfänglich sind.

Nicht wenige Menschen werden auch im Erwachsenenalter noch von dem unstillbaren Wunsch getrieben, bewundert, umsorgt und beschützt zu werden. Für Kinder ist dieses Bedürfnis in gewissen Grenzen normal, aber bei Erwachsenen deutet es auf einen fehlgeleiteten Entwicklungsprozess hin. Eine stete Suche nach Bestätigung verweist auf eine seelische Leere, die immer wieder aufgefüllt werden muss. Dabei ist der Blick der Betreffenden nur nach außen gerichtet. Andere Menschen müssen ihnen zuhören, sie verstehen, umhegen und bedauern. Wenn das geschieht, geht es ihnen für eine Weile gut. Oft kreisen die Gedanken solcher Menschen nur um sie selbst und da sie auch nur über sich selbst reden, werden sie von ihren Mitmenschen als, gelinde gesagt, ziemlich anstrengend empfunden. Trifft man Personen dieses Typs zufällig, staunt man darüber, wie sie es schaffen, das Gespräch in nur wenigen Minuten an sich zu ziehen um es dann rasch auf die eigene Person zu lenken. Ist das einmal geschehen, lassen sie einen kaum noch entkommen. Im Gespräch selbst kommen sie einem so nah, dass man ihren Atem spürt. Bald hat wohl jeder, der ihnen ausgeliefert ist, den Drang, sich ihrem Redeschwall zu entziehen. Das hat auch damit zu tun, dass die Betreffenden nicht nur ausschließlich von sich reden, sondern dass sie darüber hinaus auch schlechte Zuhörer sind. Für die Meinungen, Ansichten oder sogar Probleme anderer Leute interessieren sie sich gar nicht. Ein wirkliches Gespräch, also ein echter Austausch, findet nicht statt.

Sehr extrovertiert veranlagte Personen suchen ständig nach Aufmerksamkeit, sie brauchen ein Publikum, das sie beeindrucken und unterhalten können und das, was sehr wichtig ist, ihnen applaudiert. Viele Bühnenkünstler sind auf sich selbst bezogene, seelisch Bedürftige. Wenn sie Im-Mittelpunkt-Stehen, Scheinwerfer auf sie gerichtet sind und ein Publikum sie erwartungsvoll anschaut, dann sind sie ganz in ihrem Element. Die Bühne ist der ideale Ort, sich zu präsentieren, zu zeigen, was man kann und wie gut man ist. Das tragische Schicksal vieler berühmter Schauspieler und Musiker zeigt aber auch die Schwäche derer, die ihre seelische Bedürftigkeit lange ausleben, sie aber nicht als Defizit ihrer Persönlichkeit erkannt haben. Solange der Mechanismus der unentwegten Bedürftigkeit nicht durchschaut ist, kann er nicht überwunden werden.

II. Die zentrale Frage ist: Wie kommt es zu einer so ausgeprägten Form der Selbstbezogenheit? Ein starkes Geltungsstreben ist in der Regel mit einem geringen Selbstwertgefühl verbunden, das ist die psychische Grundkonstellation. Wo diese beiden Faktoren zusammentreffen, wird die Person, durch keine Zustimmung zufriedengestellt, nach immer neuer Anerkennung suchen. Sie will stets noch mehr Ansehen bekommen und ihr Verlangen kann sich zu ausgeprägter Geltungssucht steigern. Der Betreffende wird sich aller möglichen Mittel bedienen, um sein Ich aufzubauschen und es auch nicht unterlassen, andere herabzusetzen, um sich selbst zu erhöhen. Da das geringe Selbstwertgefühl aber ungeachtet allen Lobes und aller Zustimmung weiter besteht, reagieren diese Menschen äußerst empfindlich auf den leisesten Tadel. Da jede Art von Kritik sie zutiefst erschüttert, werden sie sofort beginnen, sich an anderer Stelle erneut Beifall und Geltung zu verschaffen.

Meistens liegt der Grund für mangelndes Selbstwertgefühl in der frühen Kindheit, denn das Bedürfnis nach Aufmerksamkeit, Zuwendung und Bestätigung ist ein kindliches. Man findet unter den seelisch bedürftigen Erwachsenen viele ehemalige Heimkinder und Kinder, die aus sehr kühlen, emotionsarmen Elternhäusern stammen. Der natürliche „Hunger" der Kinder nach Zuwendung und Lob ist nie wirklich in ausreichendem Maße gestillt worden. Als Kind waren sie daher schon früh darauf angewiesen, emotional für sich selbst zu sorgen und haben ebendiese Haltung ins Erwachsenenalter übernommen. Das viele, oft zu viele Reden und die Suche des Erwachsenen nach stetiger Aufmerksamkeit dienen dazu, sich zu vergewissern, dass man interessant ist, dass man eine wichtige Persönlichkeit ist, ja, dass man überhaupt da ist. Die Umwelt dient dem seelisch Bedürftigen dabei als Spiegel der eigenen Person. Deshalb sind diese Menschen auch in der Regel nicht in der Lage, anderen etwas zu geben, deshalb interessieren sie sich nicht für die Ideen und Probleme der anderen. Sie sind vollkommen eingenommen von sich und ihrer eigenen Gedankenwelt. Das hat dann wiederum den tragischen Nachteil, dass man seelisch Bedürftigen aus dem Wege geht und sich von ihnen abwendet, tragisch deswegen, weil sie, die den anderen stark brauchen, nicht gut allein sein und vor allem Zurückweisungen nicht ertragen können, genau dieses Verhalten hervorrufen.

III. Für seelisch Bedürftige ist es wichtig, soziale Einstellungen kennenzulernen und sie konsequent zu trainieren. Sie müssen sich beispielsweise darin üben, anderen zuzuhören, ohne selbst zu reden. Sie müssen lernen, es auszuhalten, dass andere im Mittelpunkt stehen, Beifall bekommen, gelobt und geehrt werden. Das erfordert Mut und Geduld.

In dem chinesischen Weisheitsbuch Tao-Te-King heißt es sehr treffend: „Wer auf Zehenspitzen steht (um besser gesehen zu werden), kann nicht sicher stehen. Wer gespreizte Schritte macht, kann nicht vorankommen. Wer sich zur Schau stellt, kann nicht ins Licht rücken. (...) Wer sich selbst rühmt, kann im Rang nicht steigen."

Das tiefer liegende Problem der Betreffenden ist ihre Anhaftung an die Erscheinungen der Welt, an ihr Image, ihr Aussehen, an das, was andere von ihnen denken und meinen. Wer sich von den Launen, Meinungen und Urteilen anderer abhängig macht, der ist nicht imstande innere Kraft zu entwickeln. Erst wenn die Fixierung auf die Gunst oder Ungunst der Umgebung abgebaut wird, kann ein größeres Maß an psychischer Unabhängigkeit erreicht werden. Der Weg zu mehr Autonomie führt über die Versenkung in das All-Eine als der tragenden Kraft allen Lebens und aller Dinge. Es gibt letztlich kein Ich, das durch Lob gestärkt und durch Tadel geschmälert werden könnte. Wer glaubt, dass es ein solches Ich gibt, der hält eine schillernde Seifenblase für eine wertvolle Perle. Lob und Tadel, Ruhm und Schande sind in diesem Sinne nicht bedeutender als das Summen von Mücken an einem Sommerabend.

IV. Wer unter seelischer Bedürftigkeit leidet, sollte:

- Aktivitäten angehen, die ihn von seiner Selbstbezogenheit wegführen. Gruppenerlebnisse, wie verschiedene Sportarten sie ermöglichen, sind eine gute Wahl.

- Meditation betreiben. Allerdings kann Meditation hier zu einem Problem werden, wenn sie nur allein, ohne Gruppe und Lehrer geübt wird.

■ einsehen, dass einem Achtung und Aufmerksamkeit von ganz allein zuteil werden, wenn man seine Aufgaben so gut wie möglich erledigt und nicht auf Befall lauert.

■ wissen, dass der bekommt, der gibt, und dass dem genommen wird, der nur nimmt.

V. Übung:

Halten Sie sich an die Anweisungen zur Selbsthypnose in der Einleitung. Beruhigen Sie einige Minuten lang in entspannter Körperlage Ihre Atmung. Achten Sie dabei vor allem auf eine lange und langsame Ausatmung. Wenn Sie die tiefe Trance erreicht haben, sagen Sie innerlich laut:

**„Ich ruhe friedvoll in mir selbst
und erhalte, was mir zusteht."**

Wiederholen Sie diesen Satz im Abstand von etwa einer Minute vier- bis fünfmal und kommen Sie dann aus der Entspannung zurück. Die ganze Übung dauert etwa 10 Minuten. Sie sollte nach Möglichkeit mehrmals in der Woche wiederholt werden, damit die Selbstprogrammierung nachhaltig wirksam werden kann.

21.

Negative Emotionen

I. Die „bösen" Gefühle des Menschen, Schadenfreude, Eifersucht, Rache, Neid und Wut sind seit jeher der Stoff, aus dem Romane und Spielfilme geschaffen sind. Schriftsteller und Drehbuchautoren sind fasziniert von der Heftigkeit solcher Gefühle und von ihrer oft anarchischen, jeder Vernunft widersprechenden Tendenz. Aus kühlen Geschäftsmännern können durchtriebene Ehebrecher werden, die über Jahre hinweg unbemerkt ein Doppelleben führen. Aus braven Ehefrauen können eiskalte Teufelinnen werden, die nur noch für ihre Rache leben. Der gute Junge von nebenan, der den alten Damen im Haus die Einkaufstaschen die Treppe hoch trägt, begeht einen Mord. Die Boulevard-Presse liefert täglich Geschichten dieser Art. Warum faszinieren und beschäftigen uns solche Geschichten überhaupt? Die Antwort lautet: weil wir alle diese Art von Gefühlen kennen. Nicht eine der oben genannten Emotionen ist uns wirklich fremd. Wahrscheinlich geben wir diesen negativen Gefühlen nicht hemmungslos nach, sondern lenken sie nach kurzer Aufwallung in positive, vernünftige Bahnen. Wir lassen es in der Regel nicht zu, dass Neid, Wut oder Rache zu bestimmenden Gefühlen werden. Bei manchen Menschen ist aber der Mechanismus zur Bewältigung solcher Emotionen gestört oder nie richtig ausgebildet worden. Sie reagieren aus nichtigen Anlässen schon äußerst heftig. Sie sind oft missmutig, verletzt und gekränkt, ohne dass ihre Umgebung den Grund dafür kennt.

Misstrauen ist ein weiterer Charakterzug solcher Personen und das Gefühl, hintergangen zu werden, allgegenwärtig in ihren sozialen Beziehungen. Die Betreffenden können Ereignisse, Menschen, Dinge selten so annehmen, wie sie sind, da sie immer gleich negative Erwartungen hegen. Diese Tendenz zum Negativen fördert das, was man Sich-Selbst-Erfüllende-Prophezeiungen nennt. Die Erwartung bestimmt das Ergebnis.

Zu manchen negativen Gefühlen sollte man im Einzelnen etwas sagen.

Neid ist ein Gefühl, dass in unserem Wirtschaftsleben eine große Rolle spielt. Was die anderen haben, das wollen wir auch. Man findet diese Art von Neid zwischen Geschwistern, Mitschülern, in der Nachbarschaft, zwischen Städten, Bundesländern und Staaten. Neid gilt in einer leistungsbetonten Gesellschaft nicht als negative, sondern als positive, wirtschaftsbelebende und motivierende Kraft. Wenn Neid nicht zum beherrschenden Wesenzug wird, kann er tatsächlich die Funktion eine Weckrufs ausüben. Der Erfolg eines anderen mag uns anspornen und dazu zu treiben, auch etwas zu leisten und härter zu arbeiten.

Trotzdem bleibt Neid ein negativ orientiertes Gefühl. Neid hat mit Defizit und mit Unterlegenheit zu tun und er orientiert sich immer nach außen. Der vorherrschende Maßstab ist nicht die eigene Zufriedenheit, ist nicht der Wert und die Möglichkeiten des eigenen Wesens, sondern ein anderer, der besser, klüger oder erfolgreicher dazustehen scheint.

Auch auf dem spirituellen Weg, also in Yoga- und Meditationsgruppen, findet man Neid und Missgunst gar nicht so selten. Anfänger achten sehr darauf, wie weit andere schon sind, ob sie bereits „höhere Stufen" erklommen haben und ob sie vom Lehrer Zuspruch und Bestätigung erhalten. Auch diese Art von Konkurrenz-Denken kann anspornend sein, aber sie ist so etwas wie eine Kinderkrankheit auf dem spirituellen Weg, die irgendwann einmal überwunden werden muss.

„Triffst du Buddha unterwegs – töte Buddha!" heißt es in einem berühmten Zen-Spruch. Du musst nicht zu dem Buddha werden, den du dir vorstellst, du musst nicht zu etwas Anderem werden, sondern du musst zu dir selbst finden. Der Buddha unserer Vorstellung ist ein Hindernis auf dem Weg zur Buddhaschaft.

Eifersucht ist ein weiteres negativ belegtes Gefühl. Innerhalb gewisser Grenzen gehört Eifersucht zum Gefühlsspektrum aller Menschen. Man möchte den Menschen nicht verlieren, der einem sehr viel oder vielleicht sogar alles bedeutet. Diese Emotion ist der Gegenpol zu echter, intensiver Liebe und jeder, der einmal geliebt hat, wird sie kennen. Ja, es wäre sogar befremdlich, Eifersucht nicht zu kennen und den Äußerungen mancher Mitmenschen, die vollmundig behaupten, absolut nie eifersüchtig zu sein, sollte man keinen Glauben schenken. Wenn der Betreffende es tatsächlich niemals war, hat er wahrscheinlich nie wirklich jemanden geliebt. Krankhafte Eifersucht hingegen geht darüber entschieden hinaus. Sie ist, hervorgerufen durch den starken Wunsch nach Liebe und der übersteigerten Angst vor dem Verlust des Liebespartners, besitzergreifend und auf Dauer zerstörerisch. Die negative Ausrichtung des krankhaft Eifersüchtigen, der ständig kontrolliert, misstraut, anwesend ist und hinterfragt, untergräbt das Vertrauen des Partners und schafft ein Klima des Misstrauens. Fühlt sich der auf diese Weise geliebte schließlich isoliert und überwacht, ist es nicht mehr weit bis zu dem, was der Eifersüchtige am meisten fürchtet: die Trennung.

II. Zu den stärksten Kräften in uns zählt der Drang nach Wachstum und Selbstentfaltung. Wenn dieser unbewusst in uns wirkende Drang auf Hindernisse trifft, versuchen wir, sie zu überwinden. Gelingt uns das nicht, reagieren wir mit Aggression. In diesem Vorgang liegt nichts Abseitiges oder Krankhaftes, wir finden den Drang nach Entfaltung des eigenen, immanenten Wesens auch in der Natur. Champignons etwa sind in der Lage, sich ihrem Wachstumsimpuls entsprechend durch Asphaltbeläge zu bohren. Kritisch wird es allerdings, wenn die zu überwindenden Widerstände zu groß sind. Champignons können sich durch relativ weichen

Asphalt drücken, aber gegen eine Betondecke haben sie keine Chance. So ungefähr ist es auch bei den Menschen, denen der direkte Weg zur Selbstentfaltung, etwa durch autoritäre Erziehung, versperrt ist. Sie suchen den direkten Zugang gar nicht mehr und brechen stattdessen zur Seite aus. Der eigentlich konstruktive Impuls nach Leben, Liebe und Selbsterfüllung beginnt negative, destruktive Züge anzunehmen.

Der Zustand übersteigerter Verletzlichkeit tritt dann zutage, wenn positive Energien wie Liebe und Vertrauen blockiert sind. Aus Angst vor Ablehnung und Trennung treten die genau entgegengesetzten Emotionen, nämlich Rachegedanken, Eifersucht und Neid in Erscheinung. Zwischen negativen und positiven Emotionen besteht keine ausreichend stabile Verbindung, die bei Verletzungen für Ausgleich sorgen könnte.

III. Eine fundierte Anweisung, wie man mit negativen Emotionen umgehen sollte, steht im Kashyapa-Parivarta-Sutra: „Wird er beleidigt oder geschlagen oder entehrt oder lächerlich gemacht, so fällt es ihm gar nicht ein, das mit Gleichem zu vergelten. Er wendet sich vielmehr nach innen und meditiert darüber: ,Wer ist es eigentlich, der hier beleidigt oder geschlagen oder entehrt oder verletzt oder lächerlich gemacht wird?'" Das Sutra zielt auf die Nicht-Existenz eines Ich ab, das beleidigt werden könnte. Die Aggression mag da sein, aber sie findet, da kein festes, dauerhaftes Ich existiert, kein Ziel.

Die Therapie besteht zunächst einmal darin, sich selbst besser kennen zu lernen und sich auf die Entwicklung der eigenen geistigen Möglichkeiten zu konzentrieren. Wichtig ist es für die Betroffenen, ihren Schutzpanzer aus Rückzug, Einsamkeit, Abwehr und Aggression aufzulösen. Meditation ist dafür eine sehr wirksame Methode, da es die verschütteten Fähigkeiten des Nach-Innen-Lauschens und Spürens zu neuem Leben erweckt und einen ganz neuen Zugang zu sich selbst eröffnet. Die über Jahre hin aufgebauten Schutzschichten können nach und nach aufgegeben werden, wenn man sich dem All-Einen als lenkender Lebensinstanz anvertraut. Dann können allmählich Erfahrungen zurückgewonnen werden, die lange vermisst worden sind: Empfindsamkeit, Empfänglichkeit, Zartheit, Freude, Liebe und Lebendigkeit.

IV. Übermäßig verletzliche Menschen sollten

▪ meditieren, denn durch regelmäßige Meditation können innere Harmonie und ein Gefühl für die immanente Ordnung der Welt erreicht werden.

▪ sich im Hinblick auf krankhafte Eifersucht klar machen, dass man Glück und Erfüllung niemals nur in einem einzigen Menschen finden kann. Bei Teenagern ist die Haltung, dass man den einen, einzig wahren Partner finden muss, der einen für alle Zeiten glücklich macht, sehr häufig anzutreffen. Bei Jugendlichen ist sie Teil des Reifeprozesses, aber Erwachsene müssen eine reifere Haltung der Liebe gegenüber finden.

▪ erkennen, dass innere Isolation, Unsicherheit und Angst vor Verlust das Aufkeimen wahrer Liebe verhindern.

V. Übung:

Halten Sie sich an die Anweisungen zur Selbsthypnose in der Einleitung. Beruhigen Sie einige Minuten lang in entspannter Körperlage Ihre Atmung. Achten Sie dabei vor allem auf eine lange und langsame Ausatmung. Wenn Sie die tiefe Trance erreicht haben, sagen Sie innerlich laut:

> „Ich bin mit allem verbunden, was ist."

Wiederholen Sie diesen Satz im Abstand von etwa einer Minute vier- bis fünfmal und kommen Sie dann aus der Entspannung zurück. Die ganze Übung dauert etwa 10 Minuten. Sie sollte nach Möglichkeit mehrmals in der Woche wiederholt werden, damit die Selbstprogrammierung nachhaltig wirksam werden kann.

22.
Zuviel allein

I. Wenn wir sehr oft in Gesellschaft waren, viel geredet, argumentiert und gestritten haben, dann werden wir uns wahrscheinlich nach einer Phase des Alleinseins sehnen. Die gesagten und gehörten Worte werden in uns eine Weile nachklingen und allmählich in den Hintergrund rücken. Wir werden ruhiger und sammeln neue Energie. Die positive Seite des Alleinseins, seine erneuernde Kraft, kennen Einsiedler und Asketen aller Kulturen. Auch im Buddhismus wird das Alleinsein sehr geschätzt, ist es doch Aufgabe eines buddhistischen Mönchs, das sichere Haus zu verlassen und alleine bettelnd durchs Land zu ziehen. In den Sommermonaten, der Regenzeit in Indien, kommen alle Mönche zusammen, um gemeinsam zu meditieren und den Lehrern zuzuhören. Der Aspekt der Gemeinschaft, Sangha genannt, ist im Buddhismus fest verankert, zählt sogar zu den „drei Juwelen": Buddha, Dharma, Sangha.

Wer sehr häufig allein ist, alleine lebt, die meisten Abende und Wochenenden alleine verbringt, der sehnt sich vermutlich nach Gesellschaft, möchte sich mitteilen, will gesehen und gehört werden. Einsamkeit kann sehr quälend sein, denn es liegt im Wesen des Menschen, einer Gemeinschaft angehören zu wollen. In einem gewissen Maß brauchen wir beides, Alleinsein und Gesellschaft, denn beides hat Stärken und Schwächen, Berechtigung und Gefahren.

Es gibt verschiedene Gründe für sozialen Rückzug und Einsamkeit. Sehr häufig steht bei den Betroffenen die Erfahrung im Vordergrund, dass von den Mitmenschen keine wirkliche Hilfe zu erwarten ist. Wer so denkt, der wird möglicherweise die Haltung einnehmen, dass man am besten alleine zurechtkommt. Er wird sich aus Diskussionen heraushalten, emotionalen Versuchungen aus dem Wege gehen und die Nähe zu anderen vermeiden. Zurückgezogen, einsam und unerreichbar, wähnt er sich sicher und unabhängig, ja, manchmal sogar überlegen. Die meisten der Betroffenen führen ein unscheinbares Leben und sie fallen niemandem auf, aber das Auftreten zurückgezogen lebender Menschen kann auch würdevoll und elegant sein. Manche strahlen eine Souveränität und Überlegenheit aus, die Respekt und manchmal auch Bewunderung hervorrufen. Man findet unter ihnen die klug abwägenden Vorgesetzten, die auf Fairness bedachten Anführer, die unbestechlichen Vertrauensleute und die guten Ratgeber, denen man alles anvertrauen kann. In heftig geführten Kontroversen stehen die Einsamen wie ein Fels in der Brandung da, gerecht und unparteiisch. Dabei drängen sie sich nie nach vorn, sondern wirken lieber aus dem Hintergrund heraus. Sie sind die grauen Eminenzen in Politik, Gesellschaft und Wirtschaft, Männer und Frauen, die man schnell übersieht, ohne die aber letztlich „nichts geht". Für begrenzte Zeit mag die Rolle des einsamen Wolfs für die Betreffenden angenehm oder zumindest akzeptabel sein, auf Dauer aber wird sie zum Problem, denn wer von außen her keine Impulse an sich heranlässt und sozial nicht vernetzt ist, dem droht das Leben zu verkümmern.

Wer schon einmal sehr zurückgezogen lebende Menschen getroffen hat, kennt auch bald deren Schattenseiten. Sie leben oft nach einem genau durchgeplanten Tagesrhythmus, stehen immer zur gleichen Zeit auf, essen, joggen, lesen und ruhen immer zur gleichen Zeit. Tage und Wochen laufen nach dem immer gleichen Schema ab, Sonn- und Feiertage werden auf die immer gleiche Weise verbracht und Besuche nur sehr begrenzt zugelassen. Ihre Ausgaben sind ebenfalls klar strukturiert. Die Betreffenden sind es gewohnt, immer nur für sich selbst Geld auszugeben und jeder Euro, der ungeplant ausgegeben wird, bringt ihre Finanzen durcheinander. Routinehandlungen geben den Betreffenden einen gewissen Halt, aber es gibt immer mal Situationen im Leben, die Spontaneität und Improvisationsgeist erfordern. Damit kommen sie nicht zurecht.

Soziale Eremiten dieses Typs verweigern sich auf ihre Art einer immer atemloseren Informationsgesellschaft und schlagen Hektik und Zeitfressern die Tür vor der Nase zu. Sie entziehen sich dem Zeitgeist, werden zu Einzelgängern und nicht selten auch etwas wunderlich. Manch einer, der seinen Lebensstil nach ursprünglich edlen Zielen ausrichtete, gerät sozial aus dem Takt und rutscht unbemerkt in soziale Verwahrlosung. Wer stur nur dem eigenen Lebensrhythmus folgt, unflexibel ist und vor allem seine Ruhe haben will, der verprellt Freunde und vernachlässigt Bekannte und Nachbarn. „Bitte nicht stören!" wird zum Lebensmotto. E-Mails werden nur einmal pro Woche nachgesehen und auch dann selten beantwortet, im Briefkasten finden sich nur noch Werbeflyer und die Stromrechnung, auf dem Anrufbeantworter sind keine Meldungen mehr, das Telefon bleibt stumm und wenn es an der Tür klingelt, wird nicht aufgemacht. Andere Menschen sind lästig. Oft nisten sich Krankheiten im Körper der Betreffenden ein, die sich als sehr hartnäckig erweisen und nur schwer heilen lassen: Hautkrankheiten, Husten, Verdauungsstörungen.

Die Gedankenwelt der in Selbstisolation lebenden kann hingegen durchaus reich und lebendig sein, nicht selten findet man wahre Philosophen unter ihnen. Aber der innere Kosmos ist in sich geschlossen, kreist um die immer gleichen Fragen und findet, da eine Belebung von außen fehlt, immer nur sehr ähnliche Antworten. Was andere zu sagen haben, dass weiß man doch schon; die Nähe von anderen braucht man nicht; deren Probleme kennt man bereits und hat sie längst überwunden. Findet aber der Kontakt zu anderen nur aus der Perspektive der Überlegenheit statt, sei es als Ratgeber, Vorgesetzter oder Familienvater, dann fehlt es an Freundschaft auf gleicher Augenhöhe und einem lebendigen Miteinander. Die Schwäche des Systems der Selbstbezogenheit wird an Tagen besonders fühlbar, auf die sich die meisten anderen Menschen besonders freuen: die Wochenenden und die hohen Feiertage. Auch die Urlaubszeit ist eine kritische Periode, weil dann der Unterschied zur Lebensführung von Menschen, die in Partnerschaften oder Familien eingebunden sind, besonders deutlich wird.

II. Wo liegen die Ursachen für Unnahbarkeit und selbstgewählter Distanz zu anderen? Die Verbindung zum allgemeinmenschlichen Bedürfnis nach emotionaler Nähe und freundschaftlichen Kontakten ist unterbrochen. Der amerikanische Kommunikationstrainer Dale Carnegie schrieb einmal: „Fast alles Elend, das über die Welt gekommen ist hat seinen Ursprung in der Isolierung. Es sind die Personen, die keinerlei Interesse an ihren Mitmenschen nehmen, die die größten Schwierigkeiten im Leben haben und anderen den größten Schaden zufügen. Sie sind die Quelle aller großen Misserfolge der Menschen."

Die Fixierung auf das eigene Sein schließt das Verständnis für die Verbundenheit aller Menschen als einer sozialen Einheit aus. Im Hintergrund mögen schlechte Erfahrungen mit einzelnen Personen oder Organisationen stehen, die zu übertriebener Introvertiertheit und Isolation geführt haben. Einzelkinder sind besonders anfällig für diese Lebenshaltung, da sie es gewohnt sind, ohne sich darum bemühen zu müssen, ungeteilte Aufmerksamkeit und Bestätigung von beiden Elternteilen zu bekommen.

Allerdings gibt es zwischen kauzig gewordenen Vereinsamten und echten Lebenskünstlern einen gravierenden Unterschied, auch wenn die sie trennende Grenze fließend ist und nicht genau definiert werden kann. Manche Menschen erleben ihr Alleinsein auch als Fülle. In diesem Sinne schrieb Albert Camus einmal: „Um glücklich zu sein, darf man sich nicht zu sehr mit seinen Mitmenschen beschäftigen." Auch darin liegt eine Wahrheit. Es gibt auch das erfüllte Alleinsein als Lebensentwurf, aber es ist nur wenigen Menschen vorbehalten, auf diese Weise gut und zufrieden leben zu können.

III. Manchmal spüren Menschen, die sich seit vielen Jahren in stolzer Zurückhaltung üben, auch die Schwächen in ihrer Lebensführung. Sie sind eines Lebens unter einem dicken Schildkrötenpanzer überdrüssig, wissen aber nicht, wie sie es ändern können. Das ist tatsächlich auch nicht leicht, denn die Gewohnheit, auf Enttäuschungen und Frustrationen mit innerem Rückzug zu reagieren, ist im Charakter tief eingegraben. Oft genügt nur ein geringfügiger Rückschlag, um den Reflex zu erneuter Einigelung „Bringt ja doch alles nichts!" auszulösen. Hilfreich ist es, wenn die Betreffenden den Wunsch nach mehr sozialen Kontakten aussprechen oder ihn auf andere Weise deutlich machen. Für die Angesprochenen mag es zunächst überraschend klingen, dass gerade der, der selbst nie Probleme zu haben schien, sie um Hilfe bittet. Aber der um Hilfe Suchende wird kaum auf taube Ohren treffen, denn gerade diejenigen, die ihm für den einen oder anderen klugen Ratschlag dankbar sind, werden auch den Impuls haben, ihre Dankbarkeit zu zeigen.

IV. Wer unter Selbstisolation leidet, sollte

- Meditation nicht für sich alleine üben. Zu Selbstisolation neigende Menschen beschäftigen sich gerne mit meditativen Praktiken, da es ihrem Naturell entgegenkommt. Sie vernachlässigen aber den sozialen Aspekt, der im Buddhismus ebenfalls sehr wichtig ist. Die Schüler des Zen lernen nicht nur von ihrem Meister, sondern ebensoviel auch voneinander.

- Gruppenaktivitäten pflegen, um die Mitmenschen in ihrer Andersartigkeit kennen zu lernen und wertzuschätzen.

- sich dem eigenen Bedürfnis nach Nähe, Liebe und Freundschaft mehr öffnen. Er sollte sich der Distanz bewusst werden, die er anderen gegenüber aufrecht erhält und lernen, seinen Mitmenschen mit mehr Offenheit zu begegnen.

V. Übung:

Halten Sie sich an die Anweisungen zur Selbsthypnose in der Einleitung. Beruhigen Sie einige Minuten lang in entspannter Körperlage Ihre Atmung. Achten Sie dabei vor allem auf eine lange und langsame Ausatmung. Wenn Sie die tiefe Trance erreicht haben, sagen Sie innerlich laut:

„Ich brauche andere und andere brauchen mich."

Wiederholen Sie diesen Satz im Abstand von etwa einer Minute vier- bis fünfmal und kommen Sie dann aus der Entspannung zurück. Die ganze Übung dauert etwa 10 Minuten. Sie sollte nach Möglichkeit mehrmals in der Woche wiederholt werden, damit die Selbstprogrammierung nachhaltig wirksam werden kann.

23.
Warum immer ich?

I. Warum passiert immer mir so etwas und nicht auch einmal anderen? Diese Frage stellen sich Menschen, die glauben, dass es das Schicksal besonders schlecht mit ihnen meint. Sie sehen sich als Pechvögel, Unglücksraben, als Opfer einer unbekannten, böswilligen Macht. Ungerechtigkeit waltet in der Welt. Nie haben sie erhalten, was ihnen zusteht und stattdessen bekommen, was sie nicht verdient haben.

Vor allem Menschen, die ihre Lebensmitte überschritten haben, können sich verbittert vom aktiven Leben zurückziehen. Viele ihrer Lebensträume haben sich nicht verwirklicht und für neue Hoffnungen fehlt es oft an Kraft. Sie sind der festen Überzeugung, dass ihnen das Leben vieles vorenthalten hat und sie fühlen sich dem Schicksal hilflos ausgeliefert. Als Konsequenz ziehen sie sich in den Schmollwinkel zurück. „Hat ja doch alles keinen Sinn!", hört man sie gerne sagen oder „Lass nur, ich hab's gar nicht anders erwartet!"

In der Weltsicht verbitterter Menschen spielt Ungerechtigkeit eine wesentliche Rolle. Ihre Gedanken kreisen immer wieder um diesen Punkt: „Warum musste mir das passieren? Andere haben es viel leichter!" Bald ist dann die Fähigkeit, Freude zu empfinden verloren und Missmut und Neid sind an ihre Stelle getreten. Ist dieser Prozess einmal in Gang gesetzt, lässt er sich nur noch schwer stoppen, denn die permanente Missmutigkeit vergrault allmählich auch jene, die unbeschwert und offen auf den Betreffenden zugehen. Was auch immer geschieht, er wird grundsätzlich die negative Seite der Dinge betonen und die positive übersehen. In ausgeprägten Fällen versucht er sogar, die gute Stimmung anderer bewusst herunterzuziehen und wird zum notorischen Spielverderber.

Die unvermeidliche Folge ist eine rasch zunehmende Vereinsamung. Zur Selbstisolation trägt nicht unwesentlich bei, dass der negativ eingestellte Charaktertypus wesentlich mehr fordert als gibt. Was andere ihm an Hilfe und Aufmerksamkeit zukommen lassen, nimmt er als selbstverständlich an. Ja, im Grunde hätte ihm eigentlich wesentlich mehr Zuwendung zukommen müssen. Er betrachtet die Außenwelt aus der Opferperspektive und ist damit von jeder Verantwortung für sein Schicksal freigesprochen. In Passivität verharrend schaut er auf das Treiben der Welt: Wird man mir endlich geben, was ich zum Leben brauche? Wahrscheinlich nicht. Dass die eigene innere Haltung zur betrüblichen eigenen Situation maßgeblich beiträgt, sieht er dabei nicht.

II. Diese Lebenshaltung wird vor allem von Menschen eingenommen, die ihren Lebenserfolg nicht nach Erfahrung, Wissen und innerem Wachstum, sondern vor allem nach vorzeigbaren, materiellen Kriterien beurteilen. Da sind die Falten im Gesicht, die man nicht haben möchte, das nur mäßig gefüllte Konto, die Beförderungen, die einem verwehrt wurden, die Ehrungen, Preise, Titel, die einem vorenthalten wurden, das große Haus, das man nie bauen konnte, die Kinder aus denen keine Professoren oder Ärzte geworden sind, um nur einiges aufzuzählen. Wer diese Lebenshaltung dauerhaft einnimmt, trennt sich in bedenklicher Weise vom natürlichen Fluss des Lebens ab. Wie schwere Steine liegen die zahllosen Enttäuschungen in der Strömung des Lebensflusses. Ohne eigenes Zutun, so meint man, sind sie dort hingelangt, von einem übermächtigen Schicksal in den Strom geworfen.

Erfahrene Sportler wissen sehr genau, dass man aus Niederlagen mehr lernt als aus Siegen. Siege betäuben und lullen ein, sie können selbstgefällig und träge machen, aber Niederlagen schmerzen und treiben an. Analysiert man eine Niederlage gewissenhaft, zeigt sie einem sehr deutlich die eigenen Schwächen und Fehler, die Punkte also, an denen der Sportler arbeiten sollte. So ist es letztlich im „richtigen Leben" auch. Wir müssen unsere Rückschläge, Schwächen und Fehler reflektieren, wir müssen sie akzeptieren und an uns arbeiten. Sie sind nicht nur ein notwendiges Übel der irdischen Existenz, sondern auch ein wesentlicher Bestandteil unserer menschlichen Erfahrung. Wir haben die Aufgabe, an ihnen zu lernen und zu wachsen. Auch wenn man das ein oder andere Mal ein Opfer des Schicksals wird, muss man sich bemühen, wieder die Oberhand zu gewinnen, die Initiative ergreifen und letztlich zum Meister des Schicksals zu werden.

III. Um aus der Opferhaltung herauszukommen, muss man zunächst lernen, die eigene Negativität als wesentlichen Faktor seiner Lebenssituation zu erkennen. Ohne diese Selbsteinsicht kann keine grundlegende Änderung erfolgen, denn ehe der Betreffende seine Haltung sich selbst gegenüber nicht geändert hat, kann sich auch in seiner Umgebung nichts bewegen. Er muss bewusst üben, bei Ereignissen jedweder Art auch die positiven Seiten zu sehen und zu würdigen. Niemand möchte krank werden, aber manchmal kann man in einer Erkrankung auch einen reinigenden, positiven Effekt erkennen. Ereignisse, die zunächst als Unglück angesehen werden, können sich irgendwann als „gar nicht so schlecht" oder sogar als Segen herausstellen. Veränderungen der Lebensumstände haben meist sowohl gute als auch schlechte Seiten. Manch einer ist nicht dadurch vom Schicksal bestraft worden, dass seine Wünsche nicht in Erfüllung gegangen sind, sondern dadurch, dass sich seine Wünsche erfüllt haben, dass seine Träume Wirklichkeit geworden sind. Auch das ist eine Wahrheit. Glück und Unglück sind keine festen, verlässlichen Größen in dieser Welt, sie sind in ständigem Wandel und können sich unverhofft in ihr Gegenteil verkehren.

Für die Betreffenden ist es wichtig einzusehen, dass sie ihr Lebenslicht mit einer dauerhaft negativen Lebenshaltung verdunkeln. Die innere Einstellung zur Welt und zum Leben hat die Tendenz sich zu materialisieren. Wer sich ständig als Opfer fühlt und sich über Benachteiligungen beklagt, der wird irgendwann auch zum Opfer werden und tatsächlich Benachteiligungen erfahren. In sehr oberflächlicher Sichtweise befangen meinen wir, dass unsere Gedanken- und Gefühlswelt auf die Umwelt keinen Einfluss hat, aber Innenwelt und Außenwelt korrespondieren ständig auf verborgene Weise miteinander. Innere Gedankenprojektionen haben die natürliche Tendenz, das ihnen Entsprechende aus der Außenwelt anzuziehen. Lichte Charaktere ziehen Glück, Freude, Helles an, dunkle Charaktere eben genau das Gegenteil. Im Dhammapada heißt es daher: „Alle Bewusstseinsinhalte gehen vom Denken aus, sind geprägt und gestaltet vom Denken. Wer mit üblem Denken redet oder handelt, dem folgt das Leiden nach, als wenn man ein Rad hinter sich herzieht. Wer aber mit geläutertem Denken redet oder handelt, dem läuft wie ein Schatten das Glück hinterher." Die Welt da draußen ist nicht nur objektiv vorhanden, sie wird auch von uns erschaffen, nicht nur von unseren Taten, auch von unserer inneren Haltung. Daher sollte man wissen: Säst du einen Gedanken, erntest du eine Tat; säst du eine Tat, erntest du eine Gewohnheit; säst du eine Gewohnheit, erntest du einen Charakter, säst du einen Charakter, erntest du ein Schicksal.

IV. Menschen mit einer verbitterten Lebenseinstellung sollten

- sich bewusst machen, dass Verbitterung an den schlimmen Erlebnissen, die sie ausgelöst haben, nichts ändert.

- wieder Kontakt zu alten Freunden suchen, sie aber auf keinen Fall mit Negativität vergraulen.

- Verantwortung für andere übernehmen, um auch das Schicksal anderer kennen zu lernen. Sich um alte Menschen zu kümmern, bietet sich besonders an, da diese schon viel erlebt und durchlitten haben.

- Dinge tun, die nichts weiter als Freude bereiten, wie etwa malen, tanzen, singen oder wandern.

V. Übung:

Halten Sie sich an die Anweisungen zur Selbsthypnose in der Einleitung. Beruhigen Sie einige Minuten lang in entspannter Körperlage Ihre Atmung. Achten Sie dabei vor allem auf eine lange und langsame Ausatmung. Wenn Sie die tiefe Trance erreicht haben, sagen Sie innerlich laut:

> **„Ich lasse negative Gedanken hinter mir**
> **und sehe optimistisch in die Zukunft."**

Wiederholen Sie diesen Satz im Abstand von etwa einer Minute vier- bis fünfmal und kommen Sie dann aus der Entspannung zurück. Die ganze Übung dauert etwa 10 Minuten. Sie sollte nach Möglichkeit mehrmals in der Woche wiederholt werden, damit die Selbstprogrammierung nachhaltig wirksam werden kann.

24.

Ehrgeiz und Rechthaberei

I. Es gibt heute eine wahre Flut von Literatur über Zielverwirklichung und Durchsetzungskraft. Vor allem beruflich orientierte Ratgeberliteratur setzt sich mit diesen Themen intensiv auseinander. In Business-Seminaren trainieren Coaches, wie man zu größerer Leistungssteigerung und Effizienz gelangt. All den vielen ausgeklügelten Strategien dieses finanziell lukrativen und immer noch wachsenden Marktes ist eines gemeinsam: sie verehren den Erfolg wie einen Gott. Längst sind auch spirituelle Lehren wie der Zen-Buddhismus ins Blickfeld von Managern und deren Beratern gekommen. Dabei rücken die ureigensten Ideale des Zen, wie Weisheit, Versenkung, Achtsamkeit und Satori, in den Hintergrund. Zen wird, es mag einige Ausnahmen geben, zur Erfolgs- und Leistungssteigerung instrumentalisiert.

Auch wenn man der Meinung ist, dass Ehrgeiz und Zielstrebigkeit durchaus positive Seiten haben, ist kaum zu übersehen, dass hier ein sehr einseitiges Menschenbild entworfen wird. Verkaufs- und Geschäftserfolg mögen wichtig sein, aber sie dürfen nicht alle anderen Lebensaspekte dominieren. Sicher gibt es Menschen, die ihre Zeit sinnlos vertrödeln, die aus guten Ansätzen nichts machen und immer nur darüber nachdenken, was man machen könnte. Man muss zwischen gesundem und übertriebenem Ehrgeiz zu unterscheiden lernen. Gesunder Ehrgeiz zielt auf die

Verwirklichung der eigenen Möglichkeiten, der Ausschöpfung des inneren Potenzials. Das ist nicht nur legitim, sondern auch wünschenswert und sinnvoll, denn es dient sowohl der betreffenden Person als auch anderen.

Problematisch wird es allerdings, wenn übertriebener Ehrgeiz dazu führt, in der Verwirklichung seiner Ziele kein Maß zu kennen. Sehr willensstarke Charaktere neigen dazu, das Gefühl für das Wesen und die Bedürfnisse anderer Menschen zu verlieren und Opfer ihrer eigenen Zielvorstellungen zu werden. Oft sind sie innerlich davon überzeugt, dass das, was sie denken und vorhaben, auch für andere Menschen gut ist und bringen dann, selbst gegen deutlichen Widerstand, ihre jeweilige Sache auf Biegen und Brechen durch. Im Umgang mit anderen Menschen auf Härte und Disziplin zu setzen ist ihnen nicht fremd. Wir finden diesen Charakterzug bei vielen starken Führungspersönlichkeiten, bei Wirtschaftsbossen, Politikern, Sporttrainern und überall dort, wo Entscheidungskraft gefordert ist. Übereifrige Charaktere sind sehr darauf fixiert in Machtpositionen zu gelangen, in denen sie ihre Überlegenheit ausspielen und anderen ihren Willen aufzwingen können. Dabei wird ihnen nicht bewusst, dass Zwang nicht besonders effizient ist, denn in einem Klima allseitigen Misstrauens wird nur vordergründig fleißig gearbeitet.

Generell gilt, dass aggressives Vorpreschen auf eigene Ziele meist nichts hervorbringt, das von dauerhafter Wirkung ist. Es ist wie mit Wolkenbrüchen, sie beeindrucken mit ihrer Heftigkeit, hinterlassen aber kaum Spuren. Sehr ehrgeizige Menschen sollten wissen, dass der Mangel an Nachhaltigkeit all ihres Wirkens ihre größte Schwäche ist. Kaum jemand ist gerne bereit, eine Person auf einem Egotrip zu unterstützen. Von starker Willensanspannung getragene Aktionen rufen darüber hinaus immer auch Reaktionen hervor, die ihre Wirkung neutralisieren. Es gibt nur wenige Menschen, die sich gerne ungefragt einspannen, unterwerfen oder zum Mitmachen zwingen lassen. Wenn „weichere" Faktoren, wie Vertrauen und Kollegialität fehlen, steht das jeweilige Vorhaben von Beginn an auf dünnem Eis. Wer neu in der Politik, der Verwaltung oder in einer größeren Firma ist, der wird sich daran

131

gewöhnen müssen, dass er einen nicht unerheblichen Teil seiner Energie dazu brauchen wird, um herauszufinden, welche Intrigen dort gespielt werden. Da er einen weiteren Teil zur Abwehr dieser Intrigen benötigt, bleibt ihm für die eigentliche Arbeit also nur ein Teil seiner Kraft.

Das große Problem machthungriger Menschen ist ihre mangelhafte oder auch ganz fehlende Fähigkeit zur Selbstreflexion. Ihre nähere Umgebung leidet unter dieser Schwäche meist mehr als die Betreffenden selbst. Diskussionen mit ihnen führen meist zu nichts, weil sie ohnehin davon überzeugt sind, immer recht zu haben. Die Meinungen und Gefühle anderer interessieren sie nicht und sie werden sich rücksichtslos über sie hinwegsetzen, wenn es ihren Interessen dient. Im beruflichen Bereich ist im Hinblick auf machthungrige Mitarbeiter immer noch die Beschwerde bei Vorgesetzten, dem Betriebsrat oder der Gewerkschaft möglich, aber im familiären Bereich ist die Situation sehr viel schwieriger. Ehepartner können sich zwar scheiden lassen, aber Kinder und Jugendliche, die einem ausgemachten Haustyrannen ausgeliefert sind, können sich kaum irgendwo wirksam beschweren, noch können sie das Verhältnis einfach kündigen. Ohne externe Hilfe durch Sozialpädagogen, Psychologen oder Familientherapeuten ist es sehr schwer, die familiäre Situation zu ändern. Das größte Problem für die Hilfswilligen besteht meist darin, die zentrale Figur zur Mitarbeit zu bewegen.

II. Zu Ehrgeiz und Rechthaberei tendierenden Charakteren gelingt es nicht, ihr oft großes Energiepotential so zu kontrollieren, dass es ihren Mitmenschen hilfreich zugute kommt. Sie haben den lebendigen Kontakt zu ihrer Umgebung verloren, weil sie, statt sich menschlich mit ihr auseinander zu setzen, nur von ihr fordern. Daher ergehen sie sich in Machtstreben und Bevormundung. Das ständig wirksame Motiv des Machtmenschen ist der Wille, den anderen überlegen zu sein, und er ist demgemäß vordringlich an Herrschaft und Überlegenheit interessiert. Tatsächlich vorhandene Führungsqualitäten werden nur dazu eingesetzt, die eigenen, egoistischen Ziele zu verfolgen. Zwischen den eigenen Ansichten und dem Recht anderer auf eigene Lebensstile und Meinungen existiert keine Toleranz. Im Berufsleben wenig erfolgreiche oder etwas exzentrisch veranlagte Menschen werden von Überehrgeizigen rasch als Stümper und Versager betrachtet.

III. Der Zen-Meister Hui Hai sagt es in treffenden Worten: „Die Verblendeten streben danach, etwas zu erreichen und zu verwirklichen; aber für die Erwachten gibt es weder Erreichen noch Verwirklichen. Die Verblendeten hoffen, in unendlicher Zukunft das Ziel zu erreichen, aber die Weisen gewinnen die Erkenntnis in einem einzigen Augenblick." Die Kraft, die willensstarken Menschen von Natur aus gegeben ist, stellt sehr hohe Anforderungen an die Persönlichkeit, denn sie darf nicht dazu dienen, begrenzte, egoistische Ziele zu verfolgen. Selbstbehauptung und Durchsetzungskraft können in Notzeiten sehr wertvoll sein. Aber die meiste Zeit unseres Lebens befinden wir uns in Alltags- und nicht in Krisensituationen. Deshalb ist es wichtig, auch über weiche Charakterzüge wie Geduld, Einfühlsamkeit, Verständnis und Zärtlichkeit zu verfügen.

Probleme, deren Wurzel übertriebener Ehrgeiz ist, findet man heute bei Frauen wie Männern. Rechthaberei hingegen ist vor allem ein Männerproblem. Es kostet die Betreffenden eine unglaubliche Überwindung, einen Fehler zuzugeben oder gar jemanden um Verzeihung zu bitten. Selbst wenn sie ein Unrecht einsehen, das sie selbst begangen haben, kommt eine Entschuldigung nur schwer über ihre Lippen. Eher noch versuchen sie, ihren Fehler zu beschönigen und sie unternehmen allerlei Winkelzüge, um trotz allem Recht zu behalten. Eine bewährte Strategie ist auch, eigenes Fehlverhalten mit dem Fehlverhalten anderer aufzurechnen, um sich selbst wieder in die Rolle des Anklägers zu versetzen. Das kann dann lauten: „Ich habe mal wieder alles falsch gemacht, aber DU hast ja neulich ...!"

Eine Änderung rechthaberischen Verhaltens ist äußerst schwierig, da es auf eine lange charakterliche Prägung zurückgeht, die, einmal eingespurt, nur schwer zu beeinflussen ist. Was die Betroffenen tun oder sagen, ist in der Regel weder bewusst noch geplant, sondern auf unbewusst ablaufende Verhaltensmuster zurückzuführen.

IV. Zu übermäßigem Ehrgeiz neigende Personen sollten

- an Aktivitäten teilnehmen, die Teamgeist erfordern. Sie sollten versuchen, in ihrem Team keine dominante Stellung einzunehmen, sondern sich darauf zu beschränken, einer unter vielen zu sein.

- energetisch harmonisierende Übungen wie Zazen, Tai-Chi oder Chi-Gong praktizieren.

- die Begegnung mit einem spirituellen Lehrer suchen. Wer einem authentischen Lehrer gegenübersitzt, spürt die eigene psychische Verdrehtheit und Aufgeblasenheit sehr rasch und deutlich, auch wenn kein Wort darüber gesprochen wird.

Zu Rechthaberei neigende Personen sollten:

- wissen, dass alles Faktenwissen immer und ausnahmslos aus Wissenssplittern besteht und demzufolge unvollkommen ist. Niemand weiß alles und niemand hat immer recht.

- die Vorstellung aufgeben, dass Gegensätze wie Licht und Schatten, lang und kurz oder gut und schlecht verschieden sind und auseinander gehalten werden müssen. Sie existieren nicht unabhängig voneinander, sondern sind verschiedene Aspekte des All-Einen.

- sich angewöhnen zwei-, dreimal tief durchzuatmen, bevor sie etwas sagen.

V. Übung:

Halten Sie sich an die Anweisungen zur Selbsthypnose in der Einleitung. Beruhigen Sie einige Minuten lang in entspannter Körperlage Ihre Atmung. Achten Sie dabei vor allem auf eine lange und

langsame Ausatmung. Wenn Sie die tiefe Trance erreicht haben, sagen Sie innerlich laut:

„Ich halte mich zurück und sehe mich als Teil des Ganzen."

Wiederholen Sie diesen Satz im Abstand von etwa einer Minute vier- bis fünfmal und kommen Sie dann aus der Entspannung zurück. Die ganze Übung dauert etwa 10 Minuten. Sie sollte nach Möglichkeit mehrmals in der Woche wiederholt werden, damit die Selbstprogrammierung nachhaltig wirksam werden kann.

25.
Gedankenkreisen

I. Das Problem ständig herumirrender und sich quälend im Kreis drehender Gedanken ist bei Menschen unserer Zeit verbreiteter als je zuvor. Wir alle sind heute einer unablässigen Flut von Informationen ausgesetzt, die selektiert und bewältigt werden will. Die Tatsache, dass heute fast jede berufliche Tätigkeit damit verbunden ist, vor einem Computerbildschirm zu sitzen, trägt nicht unwesentlich dazu bei. Der Verstand ist bei Computerarbeit wach und aktiv, aber die körperliche Aktivität ist auf die Bewegung der Augen und der Finger auf einer Tastatur beschränkt. Wenn sich der Betreffende nicht in der Freizeit belastet und bewegt, sei es draußen oder in einem Fitnessstudio, dann ist die Wahrscheinlichkeit groß, dass die Verstandestätigkeit nicht zur Ruhe kommt. Körper und Geist sind nicht in Balance.

Menschen, die zu ausufernder Kopfaktivität neigen, erleben sich nicht mehr als Personen, die denken, sondern als solche, die von ihren Gedanken beherrscht werden. Sie sind ihrem Denken ausgeliefert. Ohne Unterlass finden in ihrem Geist innere Dialoge statt. Das Gespräch im Büro, der Ärger mit dem Nachbarn, die Sorge um die Tochter, den Sohn, das Geld, die Rente und vieles mehr. Unentwegt drängen sich im Inneren Debatten auf. Man klagt sich an: „Das hätte ich anders machen müssen!" oder rechtfertigt sich: „Konnte ich doch nicht wissen! Was denken die sich denn?", man bedauert verpasste Gelegenheiten und plant zukünftige Ereignisse. Aber die angestrengte Gedankentätigkeit führt zu keiner wirklichen Klarheit. Obwohl man immer und immer wieder die gleichen Probleme durchdenkt, tritt man letztlich doch ergebnislos auf der Stelle.

Auf geistiger Ebene sind Konzentrationsschwierigkeiten eine häufige, ja fast unvermeidliche Folge zu vielen Denkens. Da man sich unablässig mit der eigenen Gedankenwelt beschäftigt und nach Ordnung im Inneren oder nach Lösungen für Probleme sucht, bleiben für die Umgebung und den jeweiligen Augenblick weder Zeit noch Raum. Nachlässigkeiten im Alltag und Vergesslichkeit sind typische, aber noch harmlose Folgeerscheinungen eines überaktiven Gehirns. Es kann als Folge ständiger Unkonzentriertheit aber auch zu schweren Unfällen kommen. Geistige Abwesenheit und Zerstreutheit sind bei den meisten Unfällen im Spiel.

Auch auf körperlicher Ebene zeigen sich bei geistig überaktiven Menschen typische Probleme. Zu den Häufigsten gehört Schlaflosigkeit. Die Betroffenen können schlecht einschlafen oder wachen nachts auf und können stundenlang nicht wieder einschlafen. Der Körper mag erschöpft und müde sein, aber das Gehirn ist unaufhörlich aktiv. Sie bekommen nachts nicht ausreichend Schlaf und sind am Tage matt und müde.

Auch nächtliches Zähneknirschen und häufige Kopfschmerzen gehören zu den typischen Symptomen unablässig grübelnder Menschen. Oft sieht man solchen Personen ihre Verbissenheit auch im Gesicht an, denn ihre Gesichtsmuskeln sind angespannt und ihr Blick flattert unruhig umher.

II. Wo liegt das Problem? Der Verstandesapparat ist überreizt und verliert damit seine ordnenden Funktionen. Zur wesentlichen Aufgabe gesunder Verstandestätigkeit gehört es, Wichtiges von Unwichtigem und Vorrangiges von Nachrangigem zu unterscheiden. Bei geistig Überaktiven findet dieser wichtige Selektionsprozess nicht oder nur sehr unvollkommen statt. Da der schützende geistige Filter fehlt, drängen zu viele und eben auch unwichtige

137

und nachrangige Gedankenimpulse ins Bewusstsein. Das Ergebnis ist dann unweigerlich gedankliche Unordnung. Wie auf einem unaufgeräumten Schreibtisch, auf dem eine Unzahl von Notizen, Schnipseln und Zettelchen herumliegen, die alle beachtet und bearbeitet werden müssen, sieht es im Geist eines solchen Menschen aus. Auch Versuche, nun endlich doch einmal für Ordnung zu sorgen, scheitern in der Regel an der Unfähigkeit, Prioritäten zu setzen.

Als Lösung bietet sich vielen Betroffenen die Einnahme von Substanzen an, die ihnen zu mehr Ruhe verhelfen sollen. Männer lassen sich, vor allem wenn es um psychische Probleme geht, in der Regel nicht gerne von anderen helfen und greifen daher zur Selbstmedikation. Nicht selten besteht diese in der regelmäßigen Einnahme alkoholischer Getränke, was zur Abhängigkeit führen kann. Frauen hingegen suchen eher Hilfe, aber wenn der Arzt ihnen Schlaftabletten oder beruhigende Medikamente verschreibt, ist ihnen nur kurzfristig geholfen. Generell lässt sich sagen, dass medikamentöse Interventionen allein nicht in der Lage sind, das Grundproblem, nämlich die seelische Fehlhaltung, zu lösen.

III. Langfristig helfen kann nur das Erreichen eines ausgeglichenen, nicht einseitig auf Verstandestätigkeit fußenden Geisteszustandes. Das Denken muss auf seine ursprüngliche Aufgabe zurückgeführt, man könnte auch sagen, zurechtgestutzt werden. Es sollte sich darauf konzentrieren, Probleme zu lösen, Antworten zu finden und das Leben effektiv zu organisieren. Alle Strategien und Techniken, die geeignet sind, „den Kopf zu beruhigen", sind zu empfehlen. Ob es sich um Autogenes Training, Tai-Chi, Yoga, Progressive Muskelentspannung nach Jacobsen oder Zazen handelt, ist ja nicht entscheidend. Wichtig hingegen ist, dass die jeweiligen Übungen regelmäßig und über längere Zeit geübt werden. Der Betreffende wird bei allen oben genannten Praktiken nach einiger Zeit die überraschende Erfahrung machen, dass sich viele Probleme ganz leicht und fast von allein lösen, wenn man dem Geist Raum gibt und ihm die nötige Ruhe lässt. Die Antworten auf wichtige Lebensfragen werden nicht durch Nachdenken und Grübeln gefunden, sondern tauchen aus der Stille des Bewusstseins, im Zen sagt man: aus der Tiefe des Nicht-Denkens, ganz von allein auf. Der chinesische Zen-Meister Huang-Po sagt: „Weil die ‚Kinder der Lüste' ihren Begierden und Abneigungen nachgeben, ist ihr Geist abhängig von den äußeren Umständen. Willst du von den äußeren Umständen frei werden, brauchst du nur das Denken aufzugeben. Denn wenn du frei von Gedanken bist, siehst du, dass die Welt der Erscheinungen leer ist. Wenn du aber versuchst, die äußeren Umstände zu ändern, ohne dich vom Denken frei zu machen, so wirst du bald erfahren, dass das nicht geht und dass immer wieder neue Probleme entstehen."

Natürlich ist es, aus der Warte eines großen Zen-Meisters gesehen, sehr leicht zu sagen, man brauche nur das Denken aufzugeben. Der anspruchsvolle Übungsweg des Zen bewirkt genau dieses, nämlich das Überwinden der Herrschaft des Verstandes und eine Öffnung des Geistes durch Nicht-Denken.

IV. Menschen, die unter übermäßiger Denkaktivität leiden, sollten

- Meditation üben. Bei Menschen mit diesem Problem ist regelmäßig geübte Meditation geradezu unerlässlich. Keine andere Übung oder Technik ist besser in der Lage, eine Zentrierung der geistigen Tätigkeit zu bewirken.

- die Technik des Gedankenstopps erlernen. Wenn sich Gedanken immer wieder ungewollt aufdrängen, kann diese Übung hilfreich sein. Man unterbricht den Gedankenstrom und sagt laut: „Stopp". Wenn es die Situation zuläßt, dann sollte man zudem in die Hände klatschen, wenn man Stopp sagt.

- ihre Gedanken aufschreiben, um sie aus dem Kopf zu bekommen. Am besten schreibt man mit Kreide auf eine Tafel. Hat man alles so niedergeschrieben, wie es einem eingefallen ist, dann wischt man die Sätze mit einem nassen Schwamm aus.

■ sich körperlich mehr bewegen. Sportliche Aktivität tut nicht nur dem Körper gut, sondern führt, zumindest vorübergehend, auch zu einer Unterbrechung des lästigen und störenden Gedankenflusses.

V. Übung:

Halten Sie sich an die Anweisungen zur Selbsthypnose in der Einleitung. Beruhigen Sie einige Minuten lang in entspannter Körperlage Ihre Atmung. Achten Sie dabei vor allem auf eine lange und langsame Ausatmung. Wenn Sie die tiefe Trance erreicht haben, sagen Sie innerlich laut:

**„Aus innerer Ruhe heraus
tauchen die wichtigen Gedanken von allein in mir auf."**

Wiederholen Sie diesen Satz im Abstand von etwa einer Minute vier- bis fünfmal und kommen Sie dann aus der Entspannung zurück. Die ganze Übung dauert etwa 10 Minuten. Sie sollte nach Möglichkeit mehrmals in der Woche wiederholt werden, damit die Selbstprogrammierung nachhaltig wirksam werden kann.

26.
Schuldgefühle

I. Als Schuld oder Schuldgefühl bezeichnet man die subjektive Überzeugung eines Menschen, Unrecht getan oder gegen ein Gesetz oder Gebot verstoßen zu haben. Schuldgefühle rufen einen diffusen Gefühlszustand hervor, der von der Empfindung persönlicher Unwürdigkeit und Minderwertigkeit bestimmt wird. Man kann im Wesentlichen zwei Arten von Schuldgefühlen unterscheiden, solche die auf vergangenen Taten oder Ereignissen beruhen und solche, deren Herkunft diffus und unbekannt ist. Das Gefühl von Schuld kann also durchaus berechtigt, es kann aber auch, objektiv betrachtet, vollkommen unberechtigt sein. Haben wir etwas getan, das wir besser vermieden oder etwas gesagt, das wir besser nicht gesagt hätten, dann werden sich bei uns Reue und der Wunsch nach Wiedergutmachung einstellen. Manchmal, bei geringeren Verfehlungen lässt sich die Situation durch Entschuldigungen oder Wiedergutmachungshandlungen bereinigen, oft aber, selbst bei ehrlich gezeigter Reue, auch nicht. Dann bleiben Schuldgefühle zurück, die langlebig, zäh und quälend sind.

Im Buddhismus gibt es den Begriff des Karma. Er bedeutet zunächst einmal „Handlung" oder „Tat", dann aber auch „Folgen einer Tat", also die Konsequenzen, die eine Handlung nach sich zieht. Gute Taten schaffen Karma und schlechte Taten schaffen Karma. Da alles, was je geschehen oder getan worden ist, Folgen hat, besteht die gesamte Welt aus Karma – sie ist aus Karma hervorgegangen, wird von Karma erhalten und die Zukunft geht aus Karma hervor. Karma ist das Gesetz von Ursache und Wirkung, das aber nicht allein für die physische Welt gilt, sondern auch auf der mentalen und moralischen Ebene wirksam ist. Wenn wir uns fehlerhaft verhalten haben, müssen wir uns den Dingen stellen, die wir ausgelöst haben und sollten uns nicht verstecken, denn was immer wir tun oder lassen erschafft Karma.

Oftmals können wir Fehler wieder gut machen, aber manche unserer Handlungen können Folgen haben, die Vergebung sehr schwer oder auch unmöglich machen. Ein kurzer Moment im Leben, eine Unachtsamkeit im Straßenverkehr etwa oder ein, zwei falsche Entscheidungen können unser gewohntes Leben völlig aus der Bahn werfen.

Es gibt aber auch Schuldgefühle, die im Grunde auf nichts Greifbarem beruhen. Kein in der Vergangenheit gesagtes Wort, kein Versäumnis und keine alte Missetat rechtfertigen sie. Man weiß nicht, warum man sie hat, aber sie sind unbestreitbar da. Dunkel und nebelhaft wirken sie aus dem Untergrund.

Menschen, die zu unmotivierten Schuldgefühlen neigen, glauben häufig, gar nicht recht verdient zu haben, was ihnen im Leben gelungen ist. Manche entschuldigen sich in nur schwer nachzuvollziehender Weise für alles Mögliche, für ihr Geld, ihr Aussehen, ihre Unvollkommenheit, ihre Gesundheit, ja, sie entschuldigen sich sogar für ihr eigenes Dasein. Unbewusst werden sie von dem Gefühl beherrscht, sich ihre Existenzberechtigung durch aufopfernde Leistungen verdienen zu müssen. Die Perspektive des reuigen Sünders ist heute, auch wenn Religion keine wichtige Rolle im Leben der Betroffenen zu spielen scheint, gar nicht so selten. Menschen, die in einem sehr einfachen, aus Gut und Böse bestehenden Weltbild leben, sind immer gefährdet, sündhaft zu handeln. Wer gesündigt, also Schuld auf sich geladen hat, wird sich genötigt sehen, sein schlechtes Gewissen zu besänftigen und Wiedergutmachung zu leisten. In alttestamentarischen Zeiten sorgte Gott persönlich für Strafe und verlangte Buße. Er zerstörte das sündige Sondom und Gomorrah und zwang hochmütige Städte, Länder, Völker und Individuen in die Knie. In der modernen Welt herrscht aber kein zürnender Gott mehr über die Menschen und auch die heutigen Kirchen sind nicht mehr bereit, Gott vor allem als strafende Instanz anzusehen. Was aber tun in der Regel jene, die ihre eigene Existenz als schuldhaft empfinden? Sie bestrafen sich selbst.

Menschen, die sich in diesem Seelenzustand befinden, nehmen Pflichten auf sich, die zu schwer für sie sind und die sie eigentlich nicht übernehmen müssten. Ihr ausgeprägter Drang, Opfer zu bringen und somit Buße zu tun, kann manchmal geradezu masochistische Züge annehmen. Solche Personen sind bereit, sehr viel zu geben und sich völlig für andere zu verausgaben ohne Gegenleistungen zu fordern oder zu erwarten. Was zunächst wie die altruistische Verhaltensweise eines Heiligen erscheint, ist aber etwas ganz anderes. Die großen Weisen und Heiligen handeln uneigennützig und zum Wohl aller Wesen aus kosmischem Geist heraus, aber niemals zur Ableistung von Schuld.

Vor allem in Partnerschaften kann sich, wenn das Verhältnis von Nehmen und Geben völlig aus der Balance ist, diese Opferhaltung unangenehm auswirken. Menschen mit Schuldgefühlen dulden unter Umständen jahrelang, manchmal ihr ganzes Leben lang rücksichtslose und verletzende Lebenspartner, ohne je ernsthaft eine Trennung in Erwägung zu ziehen. Schicksalsergeben fügen sie sich in die Opferrolle und verzichten auf ein eigenständiges Leben. Das mag sich vielleicht nach Ausnahmefällen anhören, aber so selten sind sie nicht. Wer sich so tief wie oben skizziert in ein selbstzerstörerisches Schuldbewusstsein verstrickt hat, sollte professionelle Hilfe in Anspruch nehmen.

II. Schuldgefühle haben ihren Ursprung in dem Wertesystem, das Eltern im Laufe der Erziehung bewusst oder unbewusst vermittelt haben. Die Wertvorstellungen der Eltern werden vom Kind übernommen, noch ehe es in der Lage ist, selbstständig zu denken. Es sichert sich, indem es richtig und falsch, gut und böse, erwünscht und unerwünscht unterscheiden kann, die lebenswichtige Liebe der Eltern. Mangelnde Elternliebe zeigt sich auf verschiedenen Ebenen. Da ist zunächst einmal der unbeholfene oder fast ganz fehlende Körperkontakt, dann die dem Kind gegenüber selten ungeteilte Zuwendung und das Fehlen der Freude darüber, dass es da ist. Stattdessen sieht sich das Kind ständig Forderungen und Vorwürfen gegenüber. Es hat das Gefühl, nicht zu genügen und etwas leisten zu müssen, um sich die Liebe der Eltern zu verdienen. Das Kind leidet unter der fehlenden Elternliebe und glaubt nicht geliebt zu werden, weil es seinen Eltern nur Ärger bereitet.

Bei Erwachsenen, die unmotivierte Schuldgefühle belasten, besteht der grundlegende Irrtum in einer falschen Beurteilung ihrer eigenen Rolle im Weltgeschehen, genauer gesagt in einer Überbewertung ihrer eigenen Zuständigkeit. Die Betreffenden sehen ihr Handeln nicht als Baustein in einem größeren Gesamtzusammenhang, sondern fühlen sich für viel zu vieles, wenn nicht gar für alles verantwortlich. Weil sie nicht merken, dass sie sich zu schwere Lasten auf die Schultern gelegt haben, sehen sie zu sehr auf die eigenen Fehler und Grenzen, anstatt auf die eigenen Möglichkeiten zu schauen. Auf Dauer ist das Bemühen, die Sorgen und Nöte der ganzen Welt auf sich zu nehmen, selbstzerstörerisch und demotivierend. Wesentlich klüger und vor allem auch erfolgversprechender wäre es stattdessen, seine Kräfte auf ganz konkrete Aufgaben zu konzentrieren. Das heißt, sich vor allem im eigenen sozialen Umfeld zu engagieren.

Im Buddhismus gibt es den Begriff der Buddha-Natur. Die Buddha-Natur wird verstanden als etwas, das jedem Menschen zu Eigen ist. Sie ist völlig unabhängig von Geschlecht, Nation, Alter, Bildung, Erkenntnis oder anderen Faktoren. So wie eine Kastanie die Kastanienbaum-Natur hat, da aus jeder Kastanie ein prächtiger, vollausgereifter Kastanienbaum werden kann, so hat jeder Mensch die Natur eines Buddha. Ob diese naturgegebene Anlage zur Reife kommt, ist eine andere Frage, aber sie ist in jedem Menschen vorhanden. Wir sind also mit zwei großen Geschenken auf die Welt gekommen, einem Leben in menschlicher Gestalt und der Buddha-Natur. Für einen Buddhisten ergibt sich daraus eine klare

Anweisung: Wir müssen diese uns innewohnende Natur zur Blüte bringen. Das ist der Sinn unseres Lebens. Wir haben die Buddha-Natur bekommen, um sie zu realisieren. Schuldhaftes Handeln ändert nichts am Vorhandensein der Buddha-Natur. Schuld und Reue können uns weiterbringen auf dem Weg und zu einem tieferen Verständnis des menschlichen Daseins führen.

III. Von Schuldgefühlen belastete Menschen müssen eine innere Umkehr vollziehen, um ihr Leben wieder freier und lebenswerter zu gestalten. Vor allem ist eine Änderung ihrer Blickrichtung notwendig, da sie sich bislang auf ihr eigenes, begrenztes Verständnis von Gut und Böse beschränkt und als Richter in eigener Sache aufgespielt haben. Die Betroffenen müssen lernen, dass Fehler ein Teil des Lebens sind, an denen der Charakter geschult und entwickelt wird. Selbstanklagen sind daher wenig hilfreich, da sie den Prozess der eigenen Entfaltung hemmen. Stattdessen sollte man sich selbst wertschätzen und sich klar vor Augen führen, dass man von Natur aus willkommen ist in dieser Welt. Niemand muss sich seine Berechtigung zur Existenz erst mühsam erkaufen, sie ist von Anbeginn da. Mit unserem Erscheinen ist sie da.

Wer tatsächlich schwere Schuld auf sich geladen hat, bei der keine Möglichkeit der Vergebung durch die Geschädigten besteht und die durch nichts wieder gutgemacht werden kann, der sollte seine Tat nicht beschönigen oder verdrängen, sondern ehrlich bereuen. Er sollte sich aber nicht für den Rest seiner Tage selbst quälen und anklagen, denn niemandem ist damit geholfen, wenn er Alkoholiker wird, in Trübsal fällt und Selbstmordgedanken hegt. Stattdessen wäre es besser, man bemühte sich aufrichtig und unaufgefordert, Zeit und Geld zu opfern, um etwas Gutes zu tun. Vorzugsweise sollte man Aktivitäten ins Auge fassen, die mit den negativen Folgen des begangenen Fehlers in direkter Beziehung stehen. Wenn man schließlich über längere Zeit hinweg sehr in dieser Weise gegeben hat, dann sollte man sich irgendwann selbst verzeihen, das ist sehr wichtig, denn Schuldgefühle können nicht nur quälend, sondern auch lähmend sein und darüber hinaus zu körperlichen Krankheiten führen. So wie man alles im Leben nicht festhalten kann und darf, so darf man auch seine vergangenen Taten nicht festhalten. Nur wer sich selbst achtet und vergibt, der kann auch andere achten und ihnen vergeben.

Allerdings sollte man achtsam sein, denn der begangene Fehler darf nicht wiederholt werden. Der chinesische Zen-Meister Hui-Neng schreibt: „Viele Menschen, wenn sie etwas falsch gemacht haben und darüber Gewissensbisse empfinden, erkennen nicht, dass es nicht ausreicht, einen Fehler zu bereuen, sondern das man in Zukunft davor auch auf der Hut sein muss. Weil man sich nicht davon abgewendet hat, ist die Schuld nicht gesühnt, und der alte Fehler wird wieder begangen. Das ist keine wahre Reue."

Reue und Vergebung sind Geschwister. Vergebung braucht Reue, denn ohne Reue kann es keine Vergebung geben.

IV. Um Selbstvorwürfe und Schuldgefühle zu verarbeiten, sollte man folgendes tun:

- den gemachten Fehler zur Kenntnis nehmen, die Verantwortung dafür übernehmen und sie nicht auf andere und die Umstände schieben.

- nur den konkreten Fehler bewerten und die Bewertung nicht auf sich als Mensch ausweiten.

- akzeptieren, dass Fehler zwar momentan immer unwillkommen, aber unvermeidlich und auf längere Sicht sehr wichtig sind. Wir sind nicht perfekt und werden es nie sein, aber wir sollten uns angewöhnen, aus unseren Fehlern und Schwächen zu lernen. Vergangenes lässt sich nicht mehr ändern.

V. Übung:

Halten Sie sich an die Anweisungen zur Selbsthypnose in der Einleitung. Beruhigen Sie einige Minuten lang in entspannter Körperlage Ihre Atmung. Achten Sie dabei vor allem auf eine lange und

langsame Ausatmung. Wenn Sie die tiefe Trance erreicht haben, sagen Sie innerlich laut:

„Ich vergebe mir und akzeptiere mich so, wie ich bin."

Wiederholen Sie diesen Satz im Abstand von etwa einer Minute vier- bis fünfmal und kommen Sie dann aus der Entspannung zurück. Die ganze Übung dauert etwa 10 Minuten. Sie sollte nach Möglichkeit mehrmals in der Woche wiederholt werden, damit die Selbstprogrammierung nachhaltig wirksam werden kann.

27.

Zuviel Mitgefühl

I. Die Fähigkeit des Menschen, Gefühle eines anderen nicht nur zu verstehen, sondern auch innerlich miterleben zu können, ist sehr wertvoll. Wir können uns in einen anderen hineinversetzen, können uns mitfreuen und mit ihm leiden. Zu Mitgefühl fähig sind aber nur Menschen, die eine gewisse persönliche Reife erreicht haben und die seelisch gesund sind. Das Fehlen der Fähigkeit des Mitfühlens kann dramatische Folgen haben. Vielen Gewalttätern, Betrügern und Psychopathen ist Empathie fremd. Sie können fühlende Wesen quälen, verletzen und töten, ohne Reue zu spüren. Das Leiden anderer berührt sie nicht, da sie deren Leiden nicht nachempfinden können. In ganz schweren Fällen ziehen sie Lustgefühle aus den Schmerzenslauten und -gesten der von ihnen misshandelten Wesen. Therapeutisch ist es äußerst schwer, mit solchen Menschen zu arbeiten und ihnen auch nur ein Minimum an Mitgefühl beizubringen.

Auf der anderen Seite des Spektrums stehen Menschen, die über ein Zuviel an Mitgefühl verfügen. Sie fühlen nicht nur punktuell und vorübergehend mit anderen, sondern machen sich ständig Sorgen um deren Wohlergehen. Die starke innere Verbundenheit mit geliebten Personen, sei es der Partner oder die Kinder, ist durchaus wichtig und sie sollte auch ihren angemessenen Ausdruck im Verhalten finden. Aber es sollte eben eine angemessene

Anteilnahme sein, denn wenn eine Überbesorgtheit zutage tritt, kann das für alle Beteiligten anstrengend und quälend sein. Da ist die Mutter, die nachts nicht eher einschlafen kann, bis die erwachsene Tochter von der Party zurückgekommen ist oder der Ehemann, der sich unablässig Sorgen um seine Frau macht, die allein mit dem Wagen unterwegs ist. Sie sind beispielhaft für den Seelenzustand symbiotischer Verbundenheit.

Überhaupt stehen Ängste, Sorgen und Befürchtungen bei überbesorgten Personen stark im Vordergrund. Immer geht es darum, was passieren könnte, nicht eintreffen dürfte und verhindert werden könnte. Überall lauern Gefahren und mögliche Katastrophen, die die Betroffenen aufwühlen und in Atem halten. Dabei ist das Vertrauen in die Selbststeuerung und Eigenverantwortung der geliebten Individuen meist sehr gering. Das kann zur Folge haben, dass die betroffenen Personen tatsächlich meinen, in einer Welt ständiger Gefahren zu leben und deshalb in der Bewältigung ihrer Alltagsaufgaben verunsichert agieren. Es kann sogar soweit kommen, dass die Ereignisse, die vom überbesorgten Partner befürchtet werden, durch dessen intensive Ängste sozusagen „angesaugt" werden und tatsächlich eintreten.

II. Sehr häufig ist das Phänomen übertriebenen Mitgefühls bei Müttern zu beobachten, deren Kinder, vor allem Töchter, sich in der Pubertätsphase befinden. Besonders schwierig ist diese Phase der Abnabelung für Mütter, die ihre Kinder zur Befriedigung ihrer eigenen emotionalen Bedürfnisse brauchen und damit, ohne es eigentlich zu wollen, missbrauchen. Für Jugendliche, die einer solchen Situation gegenüberstehen, ist es sehr kraftraubend, den Ablösungsprozess vom Elternhaus, der ohnehin immer schwierig ist, zu bewältigen. Sie müssen sich den Weg in die Selbstständigkeit mit äußerster Anstrengung und gegen den Willen der Mütter freikämpfen. Darüber hinaus ist es wenig hilfreich, wenn junge Menschen, die selbst noch über wenig Lebenserfahrung verfügen, von Erwachsenen mit negativen Gedanken überschüttet, anstatt mit Lebensmut und optimistischen Aussichten ins Leben geschickt werden.

Der Grund für übermäßige Besorgtheit liegt im mangelnden Vertrauen in die Abläufe des Daseins. Menschen, Tiere und Pflanzen entfalten sich nach ihren jeweils eigenen Regeln und Gesetzmäßigkeiten. Sie wissen selbst am besten, was ihnen gut tut und was sie zum Leben benötigen. Kinder und Jugendliche brauchen von ihren Eltern im Grunde nur Leitplanken, die sie in der Spur halten. Die Eltern müssen ihrem Nachwuchs viel Raum für eigene Erfahrungen lassen. Wenn die Kinder oder Jugendlichen aber Hilfe brauchen, dann sollte sie auch da sein.

III. Überbesorgte und zu symbiotischen Beziehungen neigende Menschen müssen die richtige Balance zwischen Autonomie und Mitgefühl wiederfinden oder überhaupt erst herstellen. Der Hang zur Kontrolle anderer muss dem Vertrauen weichen, dass diese auch ohne Bemutterung oder Ermahnungen ganz gut allein zurechtkommen. Die Eigenständigkeit des anderen muss unbedingt respektiert werden. Wenn man tatsächlich etwas Wertvolles für geliebte Menschen tun kann, dann sollte man sich um die Ausstrahlung von Ruhe, Frieden und Optimismus bemühen. Positive Gedanken und Worte, solche, die Sicherheit, Vertrauen und mutiges Vorgehen ausdrücken, sind wesentlich hilfreicher als Warnungen und das Hegen von Ängsten und Befürchtungen.

In China gelten Mitleid, Mäßigung und der Mut, nicht der Erste zu sein als „Die drei Schätze". Mitleid steht an erster Stelle und wird als geheimnisvolle geistige Wirkkraft angesehen, die Menschen befähigt, Entscheidungen mit Voraussicht und Augenmaß zu treffen. Angemessenes Mitgefühl bringt Ansehen und Erfolg. Ansehen und Erfolg gehen aber verloren, wenn ein Übermaß an Mitgefühl im Spiel ist. Das Problem ist die Anhaftung und die Lösung besteht in der Übung des Loslassens.

IV. Wer unter einem Übermaß an Mitgefühl leidet, sollte

- ganz allgemein das „Loslassen" üben. Bei der Meditation sollte der Aspekt des Ausatmens besonders geübt werden.

- sich mit einer Vertrauensperson zusammensetzen und die eigenen emotionalen Bedürfnisse analysieren.

- die einseitige Fixierung auf Angst und Besorgnis erkennen und umpolen.

- autonomes Handeln einüben und z.B. allein oder nur mit dem Partner, aber ohne die Kinder in Urlaub fahren. Oder umgekehrt, den Partner oder die Kinder allein etwas unternehmen lassen und die Situation aushalten.

V. Übung:

Halten Sie sich an die Anweisungen zur Selbsthypnose in der Einleitung. Beruhigen Sie einige Minuten lang in entspannter Körperlage Ihre Atmung. Achten Sie dabei vor allem auf eine lange und langsame Ausatmung. Wenn Sie die tiefe Trance erreicht haben, sagen Sie innerlich laut:

> „Menschen, die mir nahe stehen,
> wissen sich selbst zu schützen."

Wiederholen Sie diesen Satz im Abstand von etwa einer Minute vier- bis fünfmal und kommen Sie dann aus der Entspannung zurück. Die ganze Übung dauert etwa 10 Minuten. Sie sollte nach Möglichkeit mehrmals in der Woche wiederholt werden, damit die Selbstprogrammierung nachhaltig wirksam werden kann.

28.

Der Wunsch nach Anerkennung

I. Nicht jedem Menschen war es vergönnt, schon in den ersten Lebensjahren selbstlos geliebt und anerkannt zu werden. Die uneigennützige, bedingungslose Liebe der Eltern ist für die weitere Entwicklung ungemein wichtig, ja, sie gehört sozusagen zur seelischen Grundausstattung eines Menschen. In der Regel ist es die Mutter, die diese Art der Liebe schenkt, während die väterliche Liebe für Kinder im Säuglingsalter weniger bedeutsam ist. Die Mutterliebe bleibt, auch im Hinblick auf ältere und erwachsene Kinder, in ihrer Bedingungslosigkeit relativ konstant erhalten. Die Vaterliebe jedoch ist an Bedingungen geknüpft, wobei die Leistungen, die Kinder und Jugendliche erbringen müssen, um sie zu bekommen, mit zunehmendem Lebensalter steigen. Beide Aspekte, der männliche und der weibliche, erfüllen in einer intakten Familie ihre Aufgabe. Die mütterliche Liebe gibt Halt und Sicherheit, während die väterliche Liebe fordert und anspornt.

Wer aber die selbstlose Zuneigung, also die Freude darüber, dass man existiert, nie erfahren hat, der wird unter Umständen überzeugt sein, sich liebevolle Zuwendung durch Leistungen erkaufen zu müssen. Wenn ein Kind meint, immer nur brav sein zu müssen, nur gute Schulnoten präsentieren zu müssen und auch das essen zu müssen, was ihm nicht schmeckt, da es sonst nicht geliebt wird, dann fehlt die elementare Erfahrung der bedingungslosen Mutterliebe. Die schwierige Situation des Kindes kann dazu führen, dass es sich auch später, im Jugendalter, ständig darum bemüht, im Mittelpunkt zu stehen. Im Erwachsenenalter setzt sich die ständige Suche nach Anerkennung, Zuwendung und Selbstbestätigung unvermindert, aber in ganz anderen, nicht selten grotesken Formen, fort. Wer kennt nicht Menschen, die sich ständig in den Vordergrund drängen, die viel reden, aber schlecht zuhören können, die immer etwas richtig zu stellen, vorzuschlagen oder anzumerken haben, die sich überfürsorglich geben, aber auch darauf schielen, was für sie selber dabei herausspringt? Solche Menschen erwarten von ihrer Umgebung das, was sie selbst ihr vorenthalten: volle Aufmerksamkeit und Zuwendung. Bekommen sie diese nicht, ergehen sie sich in Selbstmitleid, ziehen sich zurück und beklagen sich über die Undankbarkeit anderer. Sätze wie „Keiner liebt mich!" oder „Nach allem, was ich für dich getan habe, tust du mir so etwas an!" sind typisch und fallen, zumindest sinngemäß, oft. Der Mangel an mütterlicher Liebe sitzt sehr tief im Seelenleben der Betroffenen. Der aus ihr resultierende übermächtige Wunsch nach Anerkennung verschwindet in der Regel nicht von allein. Er kann eine ganze, lange Lebensspanne andauern.

II. Personen, die sich übermäßig in die Angelegenheiten anderer einmischen und sie, vor allem Mitglieder der eigenen Familie, kontrollieren und manipulieren, tun dies nicht aus Bosheit, sondern weil sie unentwegt gegen das Vakuum in ihrem Innern, die Urerfahrung fehlender Mutterliebe, ankämpfen müssen. Hier, bei dem Grundaspekt innere Leere muss man ansetzen, will man den übermächtigen Wunsch nach stetiger Anerkennung und Bestätigung in eine andere Richtung lenken, denn es ist diese Leere, die innere Unsicherheit und vielfältige Verlustängste hervorruft. Da die Betroffenen uneigennützige Liebe nicht kennen gelernt haben, können sie sie auch nicht geben. Geben sie Zuwendung, wollen sie auch etwas dafür bekommen, sie handeln mit Gefühlen.

Im Grunde aber ist bei den Betreffenden der Wunsch, Liebe zu schenken, durchaus vorhanden und er kann auch erweckt werden, wenn eine innere Kehrtwendung vollzogen wird. Jemand muss sie dazu ermuntern, das Wagnis einzugehen etwas zu schenken, ohne auf Gegenleistung zu hoffen. Dieser Akt echten Gebens sollte öfter geübt werden, am besten so oft und so lange, bis es gelingt, die Erwartung auf Anerkennung und Belohnung zu minimieren.

III. Das Ziel muss sein, Sicherheit in sich selbst zu finden, denn indem das eigene Selbstvertrauen gefestigt wird, wächst auch das Zutrauen, geliebt zu werden. Damit fällt nach und nach das Einfordern von Zuwendung und Anerkennung weg.

In buddhistischem Sinne ist ein Mensch töricht, der das Verlangen nach Vorteilen, Beförderung, Gewinn und Ehrungen hegt. Wünsche dieser Art können niemals wirkliches Glück bringen, sondern nur Leiden nach sich ziehen. Dennoch lieben viele ihre egoistischen Bequemlichkeiten und verlangen nach Ruhm und Ehren. Wer Ruhm und öffentlichem Beifall nachjagt, ist wie ein Kind, das Honig von der Klinge eines scharfen Messers leckt. Während es einerseits die Süße des Honigs schmeckt, verletzt es gleichzeitig die Zunge. Viele berühmte Menschen sind süchtig nach dem Honig der Popularität geworden und haben schwer dafür bezahlen müssen. Die Boulevardpresse berichtet gerne und ausgiebig über solche Schicksale: erst ganz hoch geflogen und dann plötzlich tief gefallen.

Im Übrigen sollte man sich klar machen, dass die meisten Menschen, also jene, von denen man Beifall bekommen möchte, das Leben und die Welt nur sehr oberflächlich wahrnehmen. Ihr Sinn ist launisch und schwankend wie ein Blatt im Wind. Der chinesische Zen-Meister Hui Hai schreibt: „Was die meisten Menschen sagen, ist mehr oder weniger bedeutungslos, da sie es aus irgendwelchen Büchern oder von anderen Menschen übernommen haben. Um Zugang zum Eigentlichen zu gewinnen, muss man sich von leeren Worten lösen. Um zur Wirklichkeit zu erwachen, darf man sich nicht mehr auf Bücher und Meinungen verlassen, denn der Dharma ist jenseits von Worten, Schriften und Predigten, und man kann ihn nicht in einer Fülle von Erklärungen finden."

IV. Wer unter einem zu großen Streben nach Anerkennung leidet, sollte

◾ die einseitige Orientierung nach außen hin erkennen und schrittweise aufgeben. Wer ständig nach Selbstbestätigung sucht, versucht ein Fass ohne Boden zu füllen. Erfolgreiche und zufriedene Menschen machen sich nicht abhängig von der Anerkennung anderer.

◾ durch die Ausübung von Meditation Sicherheit in sich selbst finden. Die Meditationserfahrung, ein kompetenter Meditationslehrer und die Gemeinschaft der Übenden (Sangha) fördern die Gewissheit, einen Wert in sich selbst zu besitzen.

◾ die Fähigkeit entwickeln, sich selbst Mut zu machen, wenn er keine Bestätigung bekommt und sich selbst den Rücken zu stärken, wenn er sich schwach fühlt. Voraussetzung dafür ist es, sich selbst zu respektieren und anzunehmen.

V. Übung:

Halten Sie sich an die Anweisungen zur Selbsthypnose in der Einleitung. Beruhigen Sie einige Minuten lang in entspannter Körperlage Ihre Atmung. Achten Sie dabei vor allem auf eine lange und langsame Ausatmung. Wenn Sie die tiefe Trance erreicht haben, sagen Sie innerlich laut:

„Ich gebe gern und empfange was ich brauche."

Wiederholen Sie diesen Satz im Abstand von etwa einer Minute vier- bis fünfmal und kommen Sie dann aus der Entspannung zurück. Die ganze Übung dauert etwa 10 Minuten. Sie sollte nach Möglichkeit mehrmals in der Woche wiederholt werden, damit die Selbstprogrammierung nachhaltig wirksam werden kann.

155

29.
Immer in Anspannung

I. Wohl in allen Bereichen des Lebens, sei es Beruf, Partnerschaft, Freundschaft oder Sport, werden Menschen geschätzt, die über Kraft und Ausdauer verfügen. Menschen, die zu ihrem Wort stehen, auf die man sich verlassen, ja, mit denen man sprichwörtlich „Pferde stehlen kann". Sie verfügen über enorme Willensstärke, über Mut, Treue, Hoffnung und meist auch hohe Ideale, für die sich jeder Einsatz lohnt, alles in allem also durchaus positive und vorbildliche Charaktereigenschaften. Wo ist das Problem?

Es sind nicht nur Leistungen und Siege, die das Leben lebenswert machen. Kein menschliches Dasein sollte nur aus Kampf und Anspannung bestehen, denn es sind die feineren, zarteren Aspekte des Lebens, die auch zu einem ausgewogenen Lebensstil gehören. Da ist etwa das Spiel mit den Kindern, ein Spaziergang mit dem Hund, ein Schachspiel mit einem Freund oder verschmuste Stunden auf dem Sofa. Harmlose Aktivitäten allesamt, historisch unbedeutend, spielerisch, kindisch und schnell vergessen. Aber genau hier können wir uns entspannen, Sorgen vergessen, neue Kraft schöpfen und inneren Druck abbauen. Gefühl, Herz und Lebenskraft werden neu belebt und es wird uns leichter fallen, unerledigte Aufgaben zu Ende zu bringen.

Welche Eigenschaften sind typisch für jene, die sich Entspannung nicht gönnen, die eisernen Kämpfer, die Macher, die Arbeitstiere? Charakteristisch für solche Menschen ist, dass sie auch dann noch arbeiten und kämpfen, wenn es eigentlich weder ihnen, noch der Sache, für die sie sich einsetzen, wirklich gut tut. Durchhalten und niemals aufgeben sind ihre dominierenden Leitmotive an denen sie eisern festhalten. „Versprochen ist versprochen! Ich werde mein Wort halten, egal was kommt!", „Es hat sich zwar alles geändert, aber ich zieh' die Sache trotzdem durch!", so könnten ihre Worte lauten. Doch mit dieser Haltung verlieren willensstarke Kämpfer den Kontakt zu ihrem sozialen Umfeld sowie zu ihren eigenen Bedürfnissen und Gefühlen. Sie arbeiten zwar viel, aber sie tun es ohne Beteiligung ihres Herzens. Pflichtbewusstsein und Kampfhaltung dominieren.

Ohne Frage, es sind solche Charaktere, die in Krisenzeiten energisch zupacken, sich in Not und Gefahrenzeiten nichts schenken, die Firmen durchbringen, Familien zusammenhalten und ganze Völker stützen können. Staatsmänner wie Bismarck oder Churchill waren von solchem Schlag. Ohne Rücksicht auf ihre Gesundheit und eigene Bedürfnisse krempeln sie die Ärmel hoch und fassen an, wo es nötig ist. Sie können jahrelang aus Pflichtbewusstsein, sei es der Familie, der Firma oder dem Staat gegenüber, auf Urlaub verzichten, aber sie werden niemals zugeben, dass ihnen alles zuviel wird und dass sie selbst auch einmal Ruhe bräuchten. Hier liegt denn auch ihr größtes Problem. Die Willensstärke und Kraft, über die sie tatsächlich verfügen, verleitet sie zu der Ansicht, immer nur stark sein zu müssen. Sich auch einmal schwach zu zeigen, ist ihnen zutiefst zuwider. Deshalb würden sie auch nur in allerhöchster Not andere Menschen um Hilfe bitten, oft aber auch dann noch nicht.

Außer dem Zeigen von Schwäche ist es den willensstarken Charakteren sehr unangenehm, wenn sie ihren selbst auferlegten Leistungsverpflichtungen aus gesundheitlichen Gründen nicht nachkommen können. Es beschämt sie, die vermeintlichen Erwartungen ihrer Umwelt enttäuschen zu müssen, aber ein wenig Lob für ihren Einsatz, und sei er noch so bescheiden, entschädigt sie für die allergrößten Mühen.

II. Das Problem übertrieben willensstarker Charaktere ist deren Neigung zu innerer Anspannung. Sie haben den Hang, sich in Aufgaben regelrecht zu verbeißen und dann um keinen Preis wieder locker zu lassen. Die Betreffenden sind nicht in der Lage, die Unverhältnismäßigkeit ihres Einsatzes einzusehen und ihr Handeln den Umständen entsprechend zu steuern. Hinzu kommt bei ihnen häufig die Weigerung, Aufgaben zu delegieren. Lieber machen sie alles selbst, denn dann können sie sicher sein, dass es auch erledigt wird. So etwas wie ein Vertrauen auf die Botschaften der eigenen Intuition, vielen Menschen durchaus vertraut, existiert bei ihnen so gut wie gar nicht. Oft finden sich bei solchen Personen auch typische körperliche Symptome wie Muskelverspannungen im Nackenbereich, Rücken- und Kopfschmerzen.

Mit stark willens- und leistungsbezogenen Menschen zusammen zu arbeiten kann durchaus problematisch sein, weil sie sich ausschließlich von der oberflächlichen Erscheinung der Dinge leiten lassen, ohne deren ständige Wandlung zu erkennen. Handlungen, die ohne belebende Intuition angegangen werden, fehlt es in der Regel an Augenmaß und Tiefe. Das fehlende Feingefühl kann den natürlichen Wandel der Ereignisse stören und heftige Gegenreaktionen auslösen. Daher ist es wichtig bei der Zusammenarbeit mit Willensmenschen, ihnen nicht die alleinige Führung zu überlassen.

Manchmal lassen sich auch äußere Ursachen für andauernde innere Unruhe ausmachen. Das kann Mobbing am Arbeitsplatz, Probleme in der Partnerschaft, ein schmerzlicher Verlust oder etwas anderes sein, das als Bedrohung oder Überforderung erlebt wird. In diesem Fall ist es wichtig, nach konkreten Lösungen und Bewältigungsmöglichkeiten für das ursächliche Problem zu suchen.

III. Wer Wesenszüge des oben beschriebenen Charakters wiedererkennt, der sollte sich darum bemühen, den inneren Druck zu verringern, mit dem er Aufgaben angeht. Ein Gefühl für die eigenen Bedürfnisse und Leistungsgrenzen, zu welcher Zeit und aus welchen Gründen auch immer verlorengegangen, muss wiedergefunden werden. Alle Aktivitäten, auch solche, zu denen man verpflichtet ist, sollten mit einer gewissen Leichtigkeit angegangen werden. Nicht nur Willenskraft, sondern auch Herz und Gefühl sollten in die Handlungen mit einfließen. Dadurch verliert sich die Tendenz, alles so „verbissen" zu sehen. Gelingt das, so entsteht Raum für freie, spielerische Aktivitäten, die ebenfalls zum Leben gehören. Das ist keine Aufforderung zu Trägheit und Müßiggang, sondern das Innewerden dessen, was die Taoisten „Wu Wei", das Nicht-tun nennen. „Übe das Nicht-Tun und alles wird getan", so heißt es im Tao-te-king. Im Wu-Wei zu sein bedeutet, im Fluss der Dinge mitzuschwimmen und das zu tun, was notwendig ist und alles zu unterlassen, was überflüssig ist. In einigen japanischen Zen-Klöstern ist es Brauch, dass die Mönche mit Reisigbesen in den Wald gehen und dort mehrere Stunden am Tag den Wald fegen. Die Tätigkeit hat keinen praktischen Sinn und genau darin besteht ihr Sinn. Die Mönche sollen sich auf diesem Wege der Sinnlosigkeit des Lebens bewusst werden.

Meister Yuan-sou, ein chinesischer Zen-Meister des 14. Jahrhunderts, sagte: „Im Buddhismus ist nirgendwo Raum für Anstrengungen. Alles ist hier ganz natürlich: Du ziehst Kleider an, um dich warm zu halten und du isst, um den Hunger zu stillen – das ist alles." Yuan-sou beschreibt einen Menschen, der im Einklang mit sich und der Welt ist. Er handelt natürlich und ohne besondere Mühen. Was gelingen soll, das geht leicht von der Hand, was sehr viel Kraft raubt, das soll nicht gelingen. Wenn wir ein Glas mit Wasser aus einer Pfütze füllen, ist das Wasser zunächst schmutzig und trübe. Lassen wir das Glas eine Weile ruhig stehen, setzt sich der Schmutz am Boden ab und das Wasser darüber wird klar und rein. Das Wasser findet seine natürliche Reinheit von alleine, ohne Anstrengung, nur durch Stille und Ruhe. Mit dem menschlichen Geist ist es ebenso, wenn er zur Ruhe kommt, erscheint seine wahre Natur. Diese ist still, friedvoll und voller Güte und Verständnis für andere Wesen.

Wir müssen erkennen, dass unsere Kraft begrenzt ist und dass eine von Hektik und materiellem Verlangen geprägte Lebensweise unserer inneren Klarheit im Wege steht. Reife Menschen wissen, dass geistige Unabhängigkeit und soziale Autonomie aus der Kontrolle der eigenen Aktivitäten und Begierden hervorgehen. Wer frei von dem Wunsch nach Besitztümern, Anerkennung und der Angst vor Blamage ist, kann große persönliche Kraft erlangen, wenn er es versteht, ins Zentrum vorzudringen. Dorthin, wo nicht das rationale Denken, sondern das intuitive Bewusstsein dominiert.

IV. Die Betreffenden sollten

- sich eine Auszeit gönnen und sich spielerischen, ja zwecklosen Aktivitäten widmen.

- sich während der Meditation auf eine lange und langsame Ausatmung konzentrieren. Dabei kann es hilfreich sein, die Atemzüge von eins bis zehn zu zählen und dann wieder bei eins anzufangen.

- ihre innere Unruhe durch regelmäßige Bewegung in Grenzen halten, denn körperliche Bewegung ist eine der wirksamsten Methoden, Anspannung abzubauen.

- übernommene Aufgaben auf- oder abgeben, die sich als zu groß und zu arbeitsintensiv erweisen.

V. Übung:

Halten Sie sich an die Anweisungen zur Selbsthypnose in der Einleitung. Beruhigen Sie einige Minuten lang in entspannter Körperlage Ihre Atmung. Achten Sie dabei vor allem auf eine lange und langsame Ausatmung. Wenn Sie die tiefe Trance erreicht haben, sagen Sie innerlich laut:

„Anspannung und Entspannung gehören zu meinem Leben."

Wiederholen Sie diesen Satz im Abstand von etwa einer Minute vier- bis fünfmal und kommen Sie dann aus der Entspannung zurück. Die ganze Übung dauert etwa 10 Minuten. Sie sollte nach Möglichkeit mehrmals in der Woche wiederholt werden, damit die Selbstprogrammierung nachhaltig wirksam werden kann.

30.

Grundlose Traurigkeit

I. Manch einer kennt den seltsamen Vorgang, dass sich ohne erkennbaren äußeren Anlass eine Wolke dunkler Schwermut auf sein Seelenleben senkt. Man weiß nicht, woher die Traurigkeit kommt und, vielleicht noch schlimmer, man weiß nicht, wann sie wieder geht. Plötzlich fühlt man sich fremd im eigenen Leben, eingehüllt von Weltschmerz und Apathie. Kraftlos und innerlich wie gelähmt sieht man sich einer dunklen, fremden Macht ausgeliefert, der man nichts entgegenzusetzen hat. Aufmunterungen von anderen bewirken keinen Wandel, Ablenkungen ändern nichts und Vernunftargumente greifen ins Leere. Man ist nicht mehr imstande, in seinem Leben etwas Positives, Schönes oder Hoffnungsvolles zu sehen. Ein Gefühl der Isolation, des Abgetrennt-Seins von der Welt herrscht vor. Alltagsverrichtungen und -pflichten werden zur Last und oft auch vernachlässigt. Die Umwelt nimmt diese Menschen als müde, lustlos und unzugänglich wahr. Die Familie, Berufskollegen und Freunde leiden darunter. Wenn die Betreffenden schnell gereizt und ärgerlich reagieren, was nicht selten der Fall ist, gehen andere ihnen gerne aus dem Weg.

Das gelegentliche Auftreten von grundloser Schwermut ist gar nicht selten und vielen Menschen vertraut. Wenn es bei einem gelegentlichen Auftreten bleibt, muss das noch nicht den Beginn einer behandlungsbedürftigen Depression bedeuten. Sollten sich die kritischen Phasen allerdings häufen und an Schwere zunehmen, ist psychotherapeutische Hilfe dringend zu empfehlen. Typische körperliche Begleitsymptome einer Depression sind: Verlangsamung der Bewegung, Antriebsschwäche, vermindertes Interesse an Aktivitäten, die bisher Spaß gemacht haben, Schlafstörungen, Appetitlosigkeit und reduzierte Wahrnehmung. Depressive wirken auf andere schlapp, interesse- und mutlos. Spontaneität, Witz, Charme und Initiative sind fast völlig aus ihrem Leben verschwunden. Vor allem, wenn Gedanken an Selbsttötung auftauchen, sollte man sich unbedingt professionelle Hilfe suchen. 80 % aller Suizide werden aufgrund von Depressionen verübt. Dabei ist Hilfe, entgegen der Annahme der Betroffenen, bei Depressionen durchaus möglich. Man sollte auch vor der Einnahme antidepressiv wirkender Medikamente keine Angst haben, denn sie machen nicht abhängig und sie verändern auch nicht die Persönlichkeit!

II. Meistens ist es für den Betroffenen nicht möglich, das Auftreten des Trauerzustandes aus eigener Kraft zu verhindern, aber man sollte sich in jedem Fall die Zusammenhänge ihres Kommens und Gehens genauer anschauen. Manchmal finden sich bestimmte Auslöser sowohl für das Eine wie das Andere. Hat das Auftreten schwermütiger Phasen mit der An- oder Abwesenheit einer bestimmten Person zu tun? Könnten Geldsorgen der Grund sein? Treten diese Phasen nur in der dunklen Jahreszeit auf? Wenn man solche Zusammenhänge identifizieren kann, ist man schon einen guten Schritt weiter. Oft aber bringt eine solche Analyse keine greifbaren Ergebnisse und man muss damit leben, dass die Schwermut erscheint und verschwindet, wann sie will.

Unter Fachleuten unbestritten ist, dass die persönliche Weltsicht eines Menschen, also seine Grundhaltung dem Leben gegenüber, sowie der Umgang mit Stress, Problemen und Krisen bei Depressionen eine wichtige Rolle spielen. Es gilt, anerzogene Maßstäbe und Wertvorstellungen, die als schädlich erkannt worden sind, kritisch zu hinterfragen und zu ändern. Konkret heißt das, dass sich zu Schwermut neigende Personen in drei Bereichen falsch einschätzen:

1. in Bezug auf ihre Person: Als Person fühlen sich Schwermütige wenig attraktiv und liebenswert. Sie kritisieren sich sehr stark, sind mit sich unzufrieden und sehen vor allem ihre Fehler und Schwächen.

2. in Bezug auf ihre momentane Lage: Ihre Erfahrungen und Erlebnisse sind unerfreulich und negativ. Da sie überall nur Schwierigkeiten, Misserfolge und unüberwindliche Hindernisse sehen, fühlen sie sich den Anforderungen des Lebens hilflos ausgeliefert.

3. in Bezug auf die Zukunft: Die Zukunft kann nichts Besseres bringen, im Gegenteil, es herrscht das Gefühl vor, dass alles noch viel schlimmer wird. In dieser Hoffnungslosigkeit erstarren Seele und Körper.

III. Wie überwindet man das Gefühl der Unbeweglichkeit gegenüber dem Schicksal, das Erleben des Abgetrennt-Seins von der Quelle des Lebens? Wie findet man zurück in lichtere Regionen? Hier hilft vor allem die Gegenwart eines guten spirituellen Lehrers, eines Menschen also, der ruhig, heiter und gelassen im Leben steht, der in seiner Mitte verortet ist und ununterbrochen aus der Lebensquelle schöpft. Schon die gelegentliche Nähe einer solchen Person hat eine heilsame Wirkung. Sicher sind solche Meister selten und schwer zu finden, aber man kann sich einer Meditationsgruppe anschließen. Hier sind die oben beschriebenen Eigenschaften vielleicht nicht so rein und umfassend vorhanden wie bei einem Meister, aber man wird auf Menschen treffen, die einem ein Stück voraus sind und vor allem kann man selbst Meditation üben.

Wenn es nicht möglich ist, einen qualifizierten Lehrer zu finden, sollte man sich vor Augen halten, dass die Welt immer wieder neu entsteht und dass sich auch ein Berg ständig verändert und niemals der gleiche bleibt. Es ist nachlässig zu denken, dass der Berg, den wir kennen, unveränderlich und immer der gleiche Berg sei. Auch mein Ich von gestern oder vorgestern ist nicht mehr das gegenwärtige Ich, denn jede Gegenwart entschwindet zusammen mit meinem gegenwärtigen Ich. Wie also ließe sich Vergangenes aufbewahren? Und doch glauben alle Menschen hartnäckig, dass die Welt so, wie wir sie gegenwärtig sehen, auf Dauer bestehen bleibt.

In der Meditation, im Schweigen der Gedanken und der Sinne, kann man den verschütteten Zugang zur Quelle wiederfinden. Das wird nicht schnell gehen und es wird Mühe und Geduld brauchen, aber es ist möglich. Sollte man tatsächlich mit Meditation beginnen, ist es wichtig, nicht ständig darauf fixiert zu sein, dass die Phasen der Melancholie ein für allemal aufhören. Sollte sich also wieder einmal eine Phase grundloser Traurigkeit einstellen, ist das keine Niederlage und auch kein Beweis für die Unwirksamkeit der Meditation. Meditation muss letztlich ohnehin um ihrer selbst willen geübt werden, so wie das Leben um seiner selbst willen gelebt werden muss. Wie schon oben in der Einführung gesagt: Zazen hat unbestritten eine therapeutische Wirkung, ist aber keine Therapie.

IV. In Phasen grundloser Traurigkeit sollte man

- Betrachtungen über das Leben, die Welt und die Zukunft unterlassen, denn alle Gedanken werden von der gegenwärtigen, dunklen Seelenlage gefärbt sein.

- keine wichtigen Entscheidungen treffen oder Mitmenschen vor solche stellen.

- angenehme Musik hören. Das Hören von guter, vor allem klassischer Musik ist ein gutes Mittel gegen niedergedrückte Stimmungslagen.

V. Übung:
Halten Sie sich an die Anweisungen zur Selbsthypnose in der Einleitung. Beruhigen Sie einige Minuten lang in entspannter Körper-

lage Ihre Atmung. Achten Sie dabei vor allem auf eine lange und langsame Ausatmung. Wenn Sie die tiefe Trance erreicht haben, sagen Sie innerlich laut:

„Lichte und dunkle Tage sind Teil meines Lebens."

Wiederholen Sie diesen Satz im Abstand von etwa einer Minute vier- bis fünfmal und kommen Sie dann aus der Entspannung zurück. Die ganze Übung dauert etwa 10 Minuten. Sie sollte nach Möglichkeit mehrmals in der Woche wiederholt werden, damit die Selbstprogrammierung nachhaltig wirksam werden kann.

31.
Sucht nach Dingen

I. Es gibt eine ganze Reihe von Suchterkrankungen. Die Behandlung von vielen von ihnen führt in Dimensionen, in denen man mit Hilfe von Zen-Geist, Meditation und Selbsthypnose nicht viel ausrichten kann. Das gilt im Wesentlichen auch für die hier behandelte Sucht nach Dingen, wenn bestimmte Grenzen überschritten und zwanghafte Züge offenbar werden. Dann ist eine Entwöhnung aus eigenen Kräften nicht mehr möglich und professionelle Hilfe unerlässlich.

Süchtige unterliegen einem inneren Zwang, bestimmte Substanzen zu sich zu nehmen oder ein bestimmtes Verhalten auszuüben. Sie können diesen Drang nicht mehr kontrollieren, brauchen immer mehr und ordnen ihrer Sucht alles andere unter. Man unterscheidet im Wesentlichen zwischen stoffgebundenen und nicht-stoffgebundenen Süchten. Zu den stoffgebundenen Süchten gehören etwa Alkohol-, Tabletten und Drogenabhängigkeit; zu den nicht stoffgebundenen zählen die Sucht nach Glückspiel, Sex und auch die Sucht danach, Dinge zu erwerben, kurz Kaufsucht genannt.

Kaufsucht, also das unstillbare Verlangen nach dem Erwerb von immer mehr Dingen, ist ein eher junges Phänomen, das mit der wirtschaftlichen und mentalen Entwicklung unserer Gesellschaft in den letzten Jahrzehnten zu tun hat. Der ständige Reiz der Dinge, der Drang nach mehr und nach Besserem ist ein zentraler

Bestandteil unseres Wirtschaftslebens und im Grunde durchaus erwünscht. Reklame ist allgegenwärtig, wir sollen konsumieren und wir sollen auch ständig das Gefühl haben, nicht genug oder noch nicht das Richtige zu besitzen. Kaputt gegangene Gegenstände werden kaum noch repariert. Das Alte wegzuwerfen und Neues zu kaufen ist oft günstiger. Wir leben in einer Yang-Kultur, also einer einseitig nach außen gerichteten Kultur, deren Motor das Prinzip des Wünschens, des Habens und des „Immer-Mehr" ist. Wohl noch keine Kultur zuvor hat sich so über das Kaufen und Verkaufen, über Status und Besitz definiert, wie die unserer Zeit. Das Internet und der damit verbundene Online-Handel haben ganz neue und wesentlich schnellere Möglichkeiten des Handels möglich gemacht. Zudem fördert der Gebrauch von Kreditkarten, der die Ausgaben nicht mehr fühlbar macht, die Tendenz zu unkontrollierten Einkäufen ebenso wie die Angebote kleinteiliger Ratenkredite.

Vor diesem Hintergrund muss man das Phänomen Kaufsucht betrachten. Der oder die Kaufsüchtige lebt den Haben-Impuls, der bei den meisten Menschen durch Einsicht in die eigenen finanziellen Möglichkeiten gebremst und gesteuert wird, exzessiv aus. Wohl jeder kennt die leichte Reue, wenn man, sei es aus Frust oder Lust, etwas gekauft hat, auf das man im Grunde auch hätte verzichten können. Solche Einkäufe haben aber mit Kaufsucht noch nichts zu tun. Von Kaufsucht, im Fachjargon Oniomanie genannt, spricht man erst, wenn der Wunsch zu kaufen zu einem unkontrollierbaren Drang wird. Den Betreffenden geht es mit der Zeit gar nicht mehr um die erstandenen Dinge selbst, sondern mehr um das beglückende Gefühl, das sich während des Auswählens und Kaufens einstellt. Der Reiz ist aber spätestens dann verflogen, wenn sie die neuen Gegenstände in ihre Wohnung gebracht haben. Dort werden sie oft gar nicht erst ausgepackt, sondern verschwinden stattdessen in Schränken, unter dem Bett oder im Keller.

Die Sucht beginnt schleichend und wird von anderen als solche meist erst erkannt, wenn sie sich angesichts überquellender Schränke und vollgestopfter Regale nicht mehr verbergen lässt. Hinzu kommen irgendwann Schulden, denn die Betroffen kaufen irgendwann ohne Rücksicht auf ihre finanziellen Möglichkeiten ein. Ein chronisch überzogenes Konto zählt noch zu den leichteren Folgen der Sucht. In schwereren Fällen kann sich ein beträchtlicher Schuldenberg angehäuft haben und sind teure Kredite aufgenommen worden. Handelt es sich bei den angesammelten Gegenständen um sehr teure und hochwertige Waren, wie Autos, Pelze oder Luxusuhren, kann ein Kaufsüchtiger seine ganze Familie in den Ruin treiben.

II. Menschen, die süchtig nach einem Immer-Mehr an Dingen sind, verfügen über ein schwaches Selbstbewusstsein. Das Einkaufen ist für die Betreffenden der vergebliche Versuch, ihre Minderwertigkeitsgefühle auszugleichen. Wer schon als Kind unter materieller Not oder mangelnder Zuwendung gelitten hat, kann aus diesem Mangelempfinden heraus kaufsüchtig werden. Das Kaufen ersetzt die Zuwendung und vermittelt das Gefühl, sich etwas Gutes zu tun. Oft haben Kaufsüchtige zudem nicht richtig gelernt, mit Konflikten umzugehen. Probleme in der Partnerschaft, der Familie oder dem Arbeitsplatz werden nicht ausgetragen, sondern durch Konsum verdrängt.

Als die grundlegenden Untugenden der Menschen werden im Buddhismus die drei Gifte angesehen: Gier, Hass und Verblendung. Bei der Kaufsucht spielt das erste dieser Gifte, die Gier oder auch Habgier, die entscheidende Rolle. Habgier entsteht aufgrund falscher Vorstellungen von Glück und Zufriedenheit, denn alle Wünsche haben das Glück zum Ziel. Nach buddhistischer Auffassung ist die Sucht nach der „Welt der zehntausend Dinge", eine Trübung des Geistes. Buddha hat menschliches Verlangen als grenzenlos erkannt und er wusste, dass es durch Dinge nicht befriedigt werden kann, denn Wünsche erzeugen immer neue Wünsche. Wer seine zahllosen Wünsche zu erfüllen sucht, verhält sich wie ein Durstiger, der Salzwasser trinkt, um seinen Durst zu stillen. Er kann trinken, soviel er will, sein Durst wird nur noch größer. Menschen ruinieren nicht selten ihr ganzes Leben bei dem Versuch, ihr Verlangen zu stillen. Sie stehlen, betrügen, lügen und wenn sie überführt werden, leiden sie unter Scham und Strafe.

Im Buch Jesus Sirach aus dem Alten Testament heißt es: „Gar mancher kauft sich viele Dinge billig ein und muss sie dennoch siebenfach bezahlen."

III. Wirklich beenden kann die Tendenz zu übermäßigem Kaufverhalten nur, wer sich selbst eingesteht, damit ein gravierendes Problem, unter Umständen sogar ein Suchtproblem zu haben. Möglicherweise ist es hilfreich, sich klar zu machen, dass exzessives Verlangen nach Dingen einem der heiligsten Grundsätze des Zen zuwiderläuft: Man soll wenig Wünsche haben. Viele Wünsche spalten die Aufmerksamkeit zwischen zu vielen Dingen auf und verhindern auf diese Weise, in einem einheitlichen Geist zu handeln. Unerfüllte Wünsche lösen Enttäuschung aus und können zu Disharmonie und Feindseligkeit führen, aber auch erfüllte Wünsche machen nicht glücklich und zufrieden. Woher kommt wirkliches Glück? Es ist eine Folge von innerer Ruhe. Je mehr ein Mensch in sich selber ruht, desto mehr ist er in Kontakt mit seiner inneren Kraft und aus dieser Quelle heraus findet er seine wahre Bestimmung. Wer aber seine Aufgabe im Leben nicht findet, der ist in Gefahr, irgendwann sich selbst aufzugeben.

Wichtig ist, dass die Betreffenden sich fragen, was mit ihrer Sucht kompensiert werden soll. Oft sind die wirklichen Ursachen gar nicht so schwer auszumachen, es kann sich um frustrierende Arbeitsbedingungen handeln, um eine schwierige Beziehung, Konflikte mit Eltern, Kindern oder Vorgesetzten. Die zentrale Frage ist aber, was der betroffenen Person tatsächlich fehlt und was sie wirklich braucht. Fehlt ihr Bestätigung, Zuwendung, Liebe, Selbstbewusstsein oder einfach nur eine sinnvolle Aufgabe? Hat man die auslösenden Impulse ausgemacht, sollten sie direkt angegangen werden. Konfliktlösestrategien zu erlernen ist ebenso wichtig wie die Erarbeitung eines gesunden Selbstwertgefühls und der Aufbau von erfüllenden Freizeitaktivitäten.

In Zen-buddhistischer Sicht verfehlen materialistisch eingestellte Menschen den Lebenssinn, weil sie damit beschäftigt sind, Materie von einem Ort zu einem anderen zu bewegen. Für ein

Streben nach innerem Wachstum, Ausgeglichenheit und nach Einklang mit der kosmischen Ordnung bleibt kein Raum, weil das Bewusstsein solcher Menschen unentwegt auf Objekte fixiert ist. Ein Zuviel an Besitz macht unbeweglich und ist im Grunde eher eine Belastung als ein Gewinn. Ein Übermaß an Dingen muss wie Ballast betrachtet werden, der abgeworfen werden muss, um wieder freier atmen zu können.

IV. Wer unter übermäßigem Kaufverhalten leidet, sollte

- als Erstes sein bisheriges Einkaufsverhalten radikal in Frage stellen. Der Betreffende sollte nur noch kaufen, was er wirklich braucht und er sollte alles, was er kauft, bar bezahlen.

- nicht auf Sonderangebote, Rabatte und vermeintliche Schnäppchen reagieren, nichts anschreiben lassen und auch nicht auf Vorrat kaufen.

- kostspieligere Anschaffungen nicht gleich tätigen, sondern erst eine Nacht darüber schlafen.

- über all seine Ausgaben Buch führen.

V. Übung:

Halten Sie sich an die Anweisungen zur Selbsthypnose in der Einleitung. Beruhigen Sie einige Minuten lang in entspannter Körperlage Ihre Atmung. Achten Sie dabei vor allem auf eine lange und langsame Ausatmung. Wenn Sie die tiefe Trance erreicht haben, sagen Sie innerlich laut:

„Ich kaufe nur, was ich wirklich brauche."

Wiederholen Sie diesen Satz im Abstand von etwa einer Minute vier- bis fünfmal und kommen Sie dann aus der Entspannung zurück. Die ganze Übung dauert etwa 10 Minuten. Sie sollte nach Möglichkeit mehrmals in der Woche wiederholt werden, damit die Selbstprogrammierung nachhaltig wirksam werden kann.

32.

Vorurteile

I. Vorurteile sind eigentlich überall dort, wo Menschen sind. Auch wenn wir es nicht gerne hören, aber auch wir haben sie und wir waren ihnen auch schon selbst ausgesetzt. Als Deutscher kann es einem im Ausland auch heute noch schnell passieren, als „Nazi" tituliert zu werden. Dazu genügt schon ein geringer Anlass, der Streit um einen Parkplatz, ein unfreundliches Wort oder ein grimmiger Gesichtsausdruck. Und wie steht es um uns selbst? Was denken wir tatsächlich über alkoholisierte Obdachlose im Stadtpark, über bettelnde Roma in der Fußgängerzone oder muslimische Frauen mit Kopftüchern? Menschen mit dunkler Hautfarbe, die in Deutschland leben, können ohne große Mühen eine ganze Reihe ehrverletzender Angriffe auf ihre Person aufzählen. Dabei müssen Vorurteile nicht unbedingt negativ sein, es gibt auch positive Vorurteile. So sind etwa der Fleiß der Japaner, die Gastfreundschaft der Araber, der Humor der Briten oder die vielzitierte deutsche Gründlichkeit nichts Negatives. Aber abwertende Vorurteile fallen nicht nur mehr auf, sie sind tatsächlich häufiger. Kritische Foren im Internet und negative Berichterstattung erhalten mehr Aufmerksamkeit als positive Themen. Menschen, die man nicht leiden mag, kann man genauer charakterisieren als sympathische Menschen. Daher verwundert es nicht, dass es in der deutschen Sprache deutlich mehr Wörter für schlechte Eigenschaften gibt als für gute.

II. Der Sinn von Vorurteilen ist relativ einfach zu benennen: sie vereinfachen die Sicht auf die Welt. Jeder hat Vorurteile und sie sind auch durchaus nützlich, um uns in einer sehr komplexen Welt zurechtzufinden. Sie machen unser Denken einfacher und bringen gleichzeitig fragwürdige Entscheidungen hervor. Ist jeder Schotte geizig, sind alle Italiener musikalisch, alle Deutschen fleißig und alle Franzosen Feinschmecker? Aus den Angehörigen anderer Völker oder Volksgruppen werden auf diesem Wege „Typen" gemacht, die mit ganz spezifischen Charakteristiken ausgestattet sind. Die Individualität der Menschen geht dabei verloren, da sie als „im Grunde alle gleich" angesehen werden. Stehen negative Zuschreibungen im Vordergrund, können Vorurteile zu Ausländerhass und Rassismus führen. Ängste spielen eine große Rolle, wenn aus harmlosen Menschen, die anders aussehen und sich anders kleiden als die Alteingesessenen bedrohliche Gestalten werden. Da das Wesen des Vorurteils die Vereinfachung ist, können wir dem Entstehen von Vorurteilen aber auch nicht wirklich entgehen, denn ein Leben ganz ohne Vorurteile ist nicht denkbar. Es ist nicht möglich, die Welt und die Geschehnisse in ihr, in ihrer gesamten Komplexität zu erfassen. Daher greifen wir zur Vereinfachung. Wer in dem ein oder anderen Gebiet vorgefasste Meinungen hegt und bereit ist, diese bei Bedarf auf ihre Richtigkeit hin zu überprüfen, der kann mit Vorurteilen angemessen umgehen. Problematisch wird es, wenn Menschen auf ihren vorgefassten Urteilen beharren und eben nicht bereit sind, sie auf ihre Stimmigkeit hin zu überprüfen. Das ist bei rassistisch eingestellten Personen und bei religiösen Fanatikern so. Deren Weltbild folgt einem simplen Schema: weiße Hautfarbe = gut, schwarze Hautfarbe = schlecht oder Gläubiger = Bruder, Ungläubiger = Feind.

III. Allerdings ist es nicht so leicht, die Macht, die Vorurteile auf uns ausüben, einzudämmen. Die Schwierigkeit besteht darin, dass Vorurteile tief im Unbewussten verankert und damit schneller als unser denkendes Bewusstsein sind. Wie Reflexe schießen sie in uns auf, ohne den Umweg über jene Teile des Gehirns zu nehmen, in denen das bewusste Denken abläuft. Hinzu kommt, dass Vorurteile eine starke emotionale Komponente enthalten, die auch ohne und sogar gegen das Verstandesdenken aktiviert werden kann. Wir können sie sowenig steuern wie die sexuelle Erregung bei der Betrachtung erotischer Bilder. Haben sich Vorurteile erst einmal etabliert, sind sie nur schwer wieder loszuwerden. Sie haben wie Parasiten raffinierte Überlebensstrategien entwickelt, die ihnen erlauben, in unserem Bewusstsein kleben zu bleiben. Informationen, die sich mit unseren Vorurteilen decken, werden viel eher wahrgenommen und akzeptiert, als solche, die ihnen widersprechen. Bei unpassenden, also unserer vorgefassten Meinung entgegenstehenden Informationen neigen wir dazu, sie unseren Vorurteilen entsprechend zurechtzubiegen. Wer einer Person mit starken Vorurteilen gegenübertritt, wird in dessen Verhalten wahrscheinlich jene negativen Eigenschaften entdecken, die seiner vorgefassten Meinung entsprechen.

Grundsätzlich gilt, dass alles in der Welt durch die Mitwirkung von Ursachen und Bedingungen erzeugt wird und es daher keine grundlegende Unterscheidung zwischen den Dingen geben kann. Die scheinbaren Unterschiede gehen allein aus den täuschenden Gedanken und Wünschen der Menschen hervor. Die Unterscheidung zwischen Ost und West trifft nicht der Himmel, sie wird von Menschen erschaffen, die dann daran glauben, dass es sie gibt. Längen- und Breitengrade existieren nicht auf dem Erdboden oder dem Meer, sie existieren auf Landkarten und in den Köpfen der Menschen. Wale und Zugvögel wissen nichts von ihnen. Mit der angeblichen Überlegenheit von Männern über Frauen, von Frauen über Männer, von Weißen über Schwarze oder Schwarzen über Weiße, von Christen über Muslime oder Muslimen über Christen verhält es sich genauso.

Üblicherweise reagieren Menschen, die durch Unbekanntes schnell verunsichert sind und Angst vor Fremdem haben, diesem mit Abwehr und Aggression. Wer zu extremen Ansichten tendiert, muss diesen Reaktionsmechanismus durchbrechen und sich der genau entgegengesetzten Wirkkraft bedienen, denn nur diese führt tatsächlich zu einer Wandlung. Es wird dem Betroffenen nicht so schnell möglich sein, Verständnis zu zeigen, wenn er Menschen begegnet, die anders aussehen, sich anders benehmen und kleiden als er selbst. Aber er kann dem Unvertrauten mit Neugier begegnen und sich einer rasch getroffenen Wertung enthalten. Er sollte sich Zeit nehmen für eine ruhige Betrachtung der Situation und der eigenen Emotionen.

Wie gehen die Weisen mit Fremdem und Unbekanntem um? Diese Menschen haben kein starres Weltbild, in dem alles seinen festen Platz innehat. Sie wissen, dass die Welt in ständiger Wandlung ist und können mit Veränderungen und Herausforderungen gut leben. Sie werden Vertrauen in jene setzen, die selbst kein Vertrauen haben, sie werden denen gegenüber Güte zeigen, die zu guten Taten nicht in der Lage sind und sie bringen Menschen Wertschätzung entgegen, die alle anderen für wertlos halten.

IV. Da Vorurteile sehr tief im menschlichen Geist verankert sind, sind sie auch nur sehr schwer wieder loszuwerden. Wer seinen Vorurteilen den Kampf ansagen will, sollte

- sich seine Vorurteile bewusst machen und dafür sorgen, dass sie nicht seine Entscheidungen und sein Verhalten beeinflussen.

- sich bei der Beurteilung bestimmter Sachverhalte genügend Zeit zum Denken lassen. Vorurteile schießen schnell auf und mögen bedächtig abwägendes Denken nicht.

- die direkte Konfrontation mit den eigenen Vorurteilen suchen. Wer etwa Vorurteile gegenüber den Bewohnern eines Landes hegt, sollte einmal in diesem Land Urlaub machen.

V. Übung:

Halten Sie sich an die Anweisungen zur Selbsthypnose in der Einleitung. Beruhigen Sie einige Minuten lang in entspannter Körperlage Ihre Atmung. Achten Sie dabei vor allem auf eine lange und langsame Ausatmung. Wenn Sie die tiefe Trance erreicht haben, sagen Sie innerlich laut:

„Ich begegne anderen Menschen mit Offenheit und Toleranz."

Wiederholen Sie diesen Satz im Abstand von etwa einer Minute vier- bis fünfmal und kommen Sie dann aus der Entspannung zurück. Die ganze Übung dauert etwa 10 Minuten. Sie sollte nach Möglichkeit mehrmals in der Woche wiederholt werden, damit die Selbstprogrammierung nachhaltig wirksam werden kann.

33.

Meine Aufgabe im Leben

I. Die Jugendzeit wird von denen, die ihr entwachsen sind, oft verklärt. Sicher, da ist die Frische und Schönheit des jungen Körpers, da ist der optimistische Blick auf noch viele abenteuerliche Jahre und der Glaube daran, aus seinem Leben etwas Sinnvolles zu machen. Da sind die vielen Freunde, als Stütze im Hintergrund auch die Eltern und es gibt noch allerhand Möglichkeiten in Sachen Beruf und Partnerwahl. Dennoch vergisst man als Erwachsener leicht, dass die Jugendzeit auch eine Phase der Suche nach Sinn und Orientierung im Leben ist. Dass noch alles offen und nicht viel entschieden ist, mag für den, der mitten im Leben steht, faszinierend sein, für den Betroffenen kann es aber quälend sein. Zur Last wird dieser Lebensabschnitt, wenn der Betreffende nicht in der Lage ist, seine Lebensziele auszumachen und wenn er auch in einem Alter, in dem andere längst Weichenstellungen vorgenommen haben, immer noch sucht und zaudert.

Das Problem mangelnder Zielvorstellungen im Leben findet sich häufig bei Menschen, die mit großem Ehrgeiz und vielseitigen Gaben ausgestattet sind. Sie sind vom Schicksal so überreich ausgestattet worden, dass ein Leben nicht hinreichen würde, um all ihre Talente zur vollen Entfaltung zu bringen. Jeder muss sich im Laufe seiner Entwicklung darüber klar werden, was denn nun die wirklich Beste aller Möglichkeiten ist, nur muss dann irgendwann eine Entscheidung fallen. Wem das schwer fällt, der sollte sich nicht scheuen, sich professionelle Hilfe zu suchen.

Menschen, die zu einer eigenen Entscheidung, was sie mit ihrem Leben anfangen sollen, nicht in der Lage sind, laufen Gefahr, in ständiger Unentschiedenheit zu verharren. Sie scheuen vor Entscheidungen zurück, gehen ihnen frühzeitig aus dem Weg oder weichen ihnen im letzten Moment geschickt aus. Der Impuls, sich generell nicht gerne festzulegen und zu binden, kommt aus ihrem Unbewussten. Sie wissen manchmal durchaus, dass sie es sich damit schwer machen, einen Platz im Leben zu finden und wirklich etwas in Bewegung zu setzen. Manchmal versuchen sie daher, eine Entscheidung zu erzwingen. Sie spenden der gefundenen Sache dann viel Zeit und Energie, aber nach einiger Zeit wird ihnen die Angelegenheit langweilig. Es sind die Anfänge, die sie faszinieren. Stellt sich Routine ein, tauchen unerwartet Widerstände auf oder bleibt das jeweilige Projekt hinter den einst gehegten Fantasien deutlich zurück, dann geben sie schnell auf.

Es ist für Menschen dieses Charaktertyps schwer zu verstehen, dass die Verwirklichung großer Projekte viel Vorbereitungszeit und unendlich viel Kleinarbeit braucht, dass auch Rückschläge und Zweifel überwunden werden müssen, ehe man zum Ziel kommt. Sie wollen, bildlich gesprochen, nicht für den Marathonlauf trainieren, sie wollen eigentlich nur als erster durchs Ziel laufen. Wenn sie sich auf einen anderen Menschen einlassen, dann wollen sie nicht die Ehe, sondern ewige Flitterwochen. Das Alltägliche ist nicht ihre Sache, nur das Besondere rechtfertigt eine Anstrengung.

Aufgrund dieser, irgendwann tief im Charakter verankerten, Mechanismen stellen solche Menschen ihr Leben auf eine viel zu breite Basis. Immer wieder werden neue Anläufe, begleitet von Größenphantasien, unternommen und immer wieder folgt der jähe Abbruch. Mit oft durchaus großen Talenten ausgestattet, zersplittern sie ihre Kräfte. In jungen Jahren mag die Haltung des Weltenbummlers, Berufsjugendlichen, Lebenskünstlers oder ewigen Junggesellen noch angemessen sein, später im Leben sieht es dann eher traurig aus. Vergleichen sie sich in vorgerücktem Alter mit Gleichaltrigen, kann ihnen kaum entgehen, dass sie, obwohl unablässig tätig gewesen, mit leeren Händen dastehen. Älter geworden, grauhaarig und am Gürtel immer noch ein Netz voller Sterne, blicken sie auf Dutzende grandios geplanter und hoffnungsvoller Anfänge zurück. Unendlich viel Energie in alle Himmelsrichtungen verschleudert, tausendmal losgegangen – nirgends angekommen.

II. Betroffene sollten sich vor Augen halten, dass es viele Menschen gibt, die in ihrem Leben nur über ein einziges, vielleicht sogar recht bescheidenes Talent verfügt haben und die daraus etwas Beeindruckendes gemacht haben. Talent allein genügt nicht, Talent braucht Fleiß. Man mag von Natur aus mit geschickten Fingern und einem guten Gehör ausgestattet sein, ein guter Musiker ist man deshalb noch nicht. Man mag mit guter Intuition und wachem Verstand begabt sein, ein Zen-Meister ist man deswegen noch lange nicht. Meisterschaft verlangt eine eindeutige Entscheidung für etwas und gegen alles Mögliche andere.

Personen, die es gewohnt sind, mit wechselnden oder unbestimmten Zielvorstellungen zu leben, haben in der Regel einen Hang zur Eigenwilligkeit. Sie arbeiten nicht gerne in Teams, können sich schlecht unterordnen und nehmen von anderen nicht gerne Rat an. Darüber hinaus haben sie die Tendenz, sich Ziele, Projekte oder Aufgaben auszusuchen, die zunächst wohl faszinierend sind, ihre realen Möglichkeiten aber übersteigen und ihnen rasch über den Kopf wachsen. Verlieren sie dann das Interesse an der Sache, dann gehen sie nicht in sich und suchen nach den Gründen für das Scheitern, sondern wenden sich einem neuen Projekt zu.

III. Die Lösung für das Problem, keine festen Ziele zu haben, liegt in der Aufgabe, mehr in die Tiefe als in die Breite zu leben. Eine orientalische Geschichte erzählt von zwei Männern, die in einem ausgetrockneten Flussbett nach Wasser graben wollen. Der erste gräbt an einer Stelle ein ein Meter tiefes Loch und findet kein

Wasser. Dann gräbt er an einer anderen Stelle wieder ein ebenso tiefes Loch und noch an drei, vier weiteren Stellen. Immer gibt er nach einem Meter Tiefe auf und versucht es an anderer Stelle und findet natürlich kein Wasser. Der andere Mann sucht sich sehr genau die richtige Stelle im Flussbett aus, ehe er zu graben beginnt. Dann gräbt er tiefer und tiefer, fünf, sechs, sieben Meter tief – und er findet Wasser.

Diese Geschichte beschreibt das Problem und auch die Lösung. Aber wo ist die richtige Stelle, an der sich ganz tiefes Graben lohnt? Man findet sie nicht durch rastloses Herumsuchen, sondern durch Innehalten und Hören auf die innere Stimme. Die Betroffenen müssen außerdem erkennen, dass es im Leben nicht darum geht, etwas ganz Besonderes zu sein oder etwas Außergewöhnliches zu leisten. Jede Handlung, auch scheinbar unbedeutende Tätigkeiten, haben ihren Platz und ihren Sinn im Leben. Mache auch das Gewöhnliche gewissenhaft, nimm dir ausreichend Zeit für das scheinbar Nebensächliche. Die großen Meister des Zen haben es vorgelebt und gelehrt: lerne das Große im Kleinen und ebenso das Kleine im Großen zu sehen. Der japanische Zen-Meister Sokei-an Roshi schreibt: „Wenn ihr Routinearbeit macht, meditiert! Wenn ihr meditiert, verrichtet eine Routinearbeit! Dann werdet ihr euch nicht mehr darüber beklagen, dass ihr keine Zeit zum Meditieren habt.“

IV. Wer Schwierigkeiten hat, sein Lebensziel zu finden, sollte

- darauf achten, seine Kräfte nicht zu sehr zu zersplittern. Wenige Dinge intensiv zu machen ist besser, als viele Dinge sehr oberflächlich zu betreiben.

- sich darauf konzentrieren, Angefangenes auch zu Ende zu bringen. Ein wesentliches Problem der Betreffenden ist ihre Verliebtheit in Anfänge.

- sich an einen vertrauensvollen und erfahrenen Berater wenden, um seinen wirklichen Talenten auf die Spur zu kommen.

V. Übung:

Halten Sie sich an die Anweisungen zur Selbsthypnose in der Einleitung. Beruhigen Sie einige Minuten lang in entspannter Körperlage Ihre Atmung. Achten Sie dabei vor allem auf eine lange und langsame Ausatmung. Wenn Sie die tiefe Trance erreicht haben, sagen Sie innerlich laut:

> **„Ich wende mich nur noch dem zu,**
> **was mir wirklich wichtig ist."**

Wiederholen Sie diesen Satz im Abstand von etwa einer Minute vier- bis fünfmal und kommen Sie dann aus der Entspannung zurück. Die ganze Übung dauert etwa 10 Minuten. Sie sollte nach Möglichkeit mehrmals in der Woche wiederholt werden, damit die Selbstprogrammierung nachhaltig wirksam werden kann.

Der fähige Helfer

Woran erkenne ich einen guten Helfer, Lehrer, Meister, also jemanden, der wirklich helfen kann? In einer Welt voller eloquenter Selbstdarsteller ist es gar nicht so einfach, einen Menschen zu finden, dem man voll und ganz vertrauen kann.

Ein guter Helfer sollte über eine Eigenschaft verfügen, die zu Unrecht aus der Mode gekommen ist, nämlich Demut. Wer demütig ist, der hat den Mut, seinem Ego zu begegnen und ist im Stande, seine eigenen Fehler und Schwächen zu sehen. Dazu ist keineswegs jeder in der Lage, denn die meisten Menschen glauben, sich ganz anders zeigen zu müssen, als sie sind. Sie zeigen der Welt eine Maske, um vor ihr bestehen zu können. Es heißt, dass in jedem Menschen drei Menschen sind: der, der er zu sein glaubt, dann der, den andere in ihm sehen und schließlich der, der er wirklich ist. Der erste dieser drei inneren Menschen ist sein Selbstbild, sein Ego. Der zweite ist sein Image, die Rolle, die er in der Welt spielt. Der dritte Mensch schließlich, also der, der man wirklich ist, das ist das zeit- und raumlose Selbst, das in der Stille der Meditation erwacht.

Solange man nicht zu diesem dritten Menschen vorgedrungen ist, irrt man zwischen illusionären Selbst- und Fremdbildern umher. Berater, die nicht in Kontakt mit der kosmischen Quelle sind, mögen durchaus gute Absichten haben, aber sie sind bestrebt, im Hilfsbedürftigen ein bestimmtes Bild von sich zu erschaffen. Sie wollen beispielsweise der weise Großvater, der clevere Durchblicker, der sanftmütige Alles-Versteher sein, aber sind nicht in der Lage, authentisch und unverfälscht, eben einfach nur sie selbst zu sein.

Ein fähiger Helfer hingegen lehnt sich zurück und lässt den quellenden Urgrund in sich arbeiten. Er beobachtet genau, hört aufmerksam zu und hält sich mit Ratschlägen und Urteilen zurück. Er versucht nicht, Recht zu haben oder zu behalten. Er mag eine Meinung haben, aber er zwingt sie niemandem auf. Da er immer mit dem Strom des Lebens fließt, kämpft er nicht gegen Widerstände. Er lässt kommen, was kommen will und er lässt ziehen, was gehen will. Demütig nimmt sich der gute Helfer zurück und lässt die Hilfesuchenden glauben, dass sie die Prozesse steuern und den richtigen Weg alleine finden. Die subtile Einflussnahme des Helfenden sehen sie nicht.

Was aber zeichnet einen fähigen Helfer aus? Wie hat er zu sich selbst gefunden? Bücherstudium kann am Anfang des Weges hilfreich sein, reicht aber auf Dauer nicht aus. Schülerschaft bei einem guten Lehrer ist schon besser, darf aber nicht darüber hinwegtäuschen, dass man die wesentlichen Schritte alleine vollziehen muss. Wer zu tiefer Einsicht kommen will, sollte wissen, dass es zehn grundlegende Schwierigkeiten gibt, mit denen er sich auseinandersetzen und die er überwinden muss:

1. Es ist schwer, großzügig zu sein, wenn man arm ist.
2. Es ist schwer, den Weg zu verstehen, wenn man hochmütig ist.
3. Es ist schwer, den Geist von den Trieben des Körpers rein zu halten.
4. Es ist schwer, nicht Dinge zu begehren, die schön und anziehend sind.
5. Es ist schwer, nicht zornig zu werden, wenn man beleidigt wird.
6. Es ist schwer, unverhofft eintretenden Versuchungen zu widerstehen.
7. Es ist schwer, bescheiden zu bleiben.
8. Es ist schwer, durch äußere Umstände nicht aus der Ruhe gebracht zu werden.
9. Es ist schwer, nicht über Richtig und Falsch zu diskutieren.
10. Es ist schwer, dem Weg treu zu bleiben, der zur Erleuchtung führt.

Der Autor

Detlef B. Fischer wurde 1952 in Haltern am See geboren. Von 1973 bis 1978 studierte er Design an den Fachhochschulen Düsseldorf und Münster, anschließend Freie Kunst an der Kunstakademie Münster und Pädagogik an der Universität Münster.

Während der Studienzeit übte er regelmäßig Autogenes Training und Zen-Meditation. 1977 begegnete er in Paris dem japanischen Zen-Meister Taisen Deshimaru. 1980 ließ er sich von ihm ordinieren und wurde als „Sojo Bosatsu" offiziell dessen Schüler. Nach dem Tod Deshimarus studierte er etwa 20 Jahre lang bei verschiedenen Zen-Lehrern weiter, so etwa bei dem amerikanischen Zen-Meister Richard Baker Roshi, dem vietnamesischen Lehrer Thich Nath Than, dem koreanischen Zen-Meister Seung Sahn und bei dem japanischen Zen-Mönch Ryotan Igarashi. Er empfindet es als große Bereicherung, diesen großen Persönlichkeiten des Buddhismus begegnet zu sein und die zahlreichen Facetten des Zen kennen gelernt und praktiziert zu haben. Seine spirituelle Heimat blieb aber das japanische Soto-Zen, wie er es von Taisen Deshimaru gelernt hatte. 1985 gründete er eine Zen-Meditationsgruppe in Münster, die er bis heute leitet. Das Hauptaugenmerk dieser Gemeinschaft ist auf die Vereinbarkeit von Meditationspraxis und Alltagsleben gerichtet. Besonders interessiert ist Detlef B. Fischer seit jeher an der Entdeckung von Überschneidungen zwischen östlicher Weisheit und westlicher Wissenschaft.